Thomas Schäfer

Statistik I

Deskriptive und Explorative Datenanalyse

VS VERLAG

Bibliografische Information der Deutschen Nationalbibliothek
Die Deutsche Nationalbibliothek verzeichnet diese Publikation in der
Deutschen Nationalbibliografie; detaillierte bibliografische Daten sind im Internet über
<http://dnb.d-nb.de> abrufbar.

1. Auflage 2010

Alle Rechte vorbehalten
© VS Verlag für Sozialwissenschaften | Springer Fachmedien Wiesbaden GmbH 2010

Lektorat: Kea S. Brahms

VS Verlag für Sozialwissenschaften ist eine Marke von Springer Fachmedien.
Springer Fachmedien ist Teil der Fachverlagsgruppe Springer Science+Business Media.
www.vs-verlag.de

Umschlaggestaltung: KünkelLopka Medienentwicklung, Heidelberg
Satz: Jens Ossadnik; www.rundumtext.de
Druck und buchbinderische Verarbeitung: Ten Brink, Meppel
Gedruckt auf säurefreiem und chlorfrei gebleichtem Papier
Printed in the Netherlands

ISBN 978-3-531-16939-2

Inhaltsverzeichnis

Danksagung

Für tatkräftige Unterstützung, wertvolle Hinweise und konstruktive Kritik, die zum Gelingen dieses Buches beigetragen haben, danke ich ganz herzlich Doreen Drechsler, Juliane Eberth und Frederik Haarig. Mein besonderer Dank für eine angenehme Zusammenarbeit und tatkräftige Unterstützung geht auch an den Herausgeber, Jürgen Kriz, sowie Kea S. Brahms vom VS Verlag.

1 Die wissenschaftliche Sicht auf den Menschen

Im Grunde genommen versucht jeder Mensch ein Psychologe zu sein. Menschen fragen oder wundern sich, warum andere Menschen bestimmte Dinge tun oder lassen, warum sie dieses oder jenes sagen, warum sie ihnen sympathisch erscheinen oder nicht. Und sie haben ihre ganz persönlichen Ideen und Erklärungen – nicht nur für das Verhalten anderer sondern auch für ihr eigenes. Diese Alltagspsychologie liefert einen guten Anhaltspunkt für die Themen, mit denen sich auch „echte" Psychologen beschäftigen. Der entscheidende Unterschied liegt jedoch in der Art und Weise, wie nach den Antworten auf die gestellten Fragen gesucht wird, oder kurz, in der *Methode*.

Die Psychologie ist eine Wissenschaft an der Schnittstelle zwischen Natur- und Geisteswissenschaften. Das Ziel dieses Buches ist es zu verdeutlichen, was die Psychologie als Wissenschaft auszeichnet und wie der Weg der Erkenntnisgewinnung aussieht. Jede Psychologin und jeder Psychologe – auch wenn sie oder er nicht selbst Forscher werden möchte – sollte wissen, was wissenschaftliche Aussagen und Erkenntnisse von bloßen Meinungen oder Behauptungen unterscheidet und wie man gute von weniger guten Forschungsergebnissen trennen kann. Nur so kann vor allem in der praktischen Anwendung psychologischer Erkenntnisse sinnvolles Handeln und Entscheiden sichergestellt werden.

Der Weg von einer Fragestellung zu einer wissenschaftlichen Erkenntnis schließt in der Psychologie in der Regel die Planung von Untersuchungen, die Sammlung von Daten und schließlich deren statistische Auswertung ein. Um einen möglichst vollständigen Eindruck von diesem Prozess zu gewinnen, werden wir uns mit allen diesen Schritten beschäftigen, wobei der Fokus dieses Buches auf der Statistik liegt. Das Planen und konkrete Umsetzen von Untersuchungen mit Hilfe verschiedener methodischer Verfahren und Instrumente bezeichnen wir als *Forschungsmethodik*. Die Vertrautheit mit diesen Methoden ist die Voraussetzung für ein richtiges Verständnis der *statistischen Verfahren*, mit denen die gesammelten Daten ausgewertet und aufbereitet werden. In den Ergebnissen der statistischen Analysen und deren inhaltlicher Interpretation besteht der eigentliche Erkenntnisfortschritt.

1.1 Das Anliegen der Psychologie als Wissenschaft

Der Ursprung der wissenschaftlichen Psychologie

Stellen wir uns einmal die grundlegende Frage, warum es die Psychologie überhaupt gibt: Wie und warum ist sie entstanden? Ihre Ursprünge liegen in der Philosophie. Bis Anfang des 20. Jahrhunderts war die Philosophie für alle Fragen zuständig, die mit dem Menschen und seinem Platz in der Welt zu tun haben. Das Leib-Seele-Problem beispielweise ist eine Frage, die schon die alten Philosophen umgetrieben hat: Platon war der Auffassung, dass Körper und Geist zwei vollständig voneinander getrennte Dinge sind, während Aristoteles glaubte, dass sie mehr oder weniger zwei Seiten einer Medaille darstellen und je nach Betrachtungsweise nur anders erscheinen. Für die Philosophie ist charakteristisch, dass diese beiden widersprüchlichen Auffassungen nebeneinander existieren können, ohne dass eine von beiden je für endgültig „richtig" oder „falsch" erklärt würde.

Heute gilt die Philosophie als Universalwissenschaft, aus der sich nicht nur die Psychologie, sondern alle sogenannten Einzelwissenschaften (z.B. Biologie, Physik, Theologie) nach und nach entwickelt haben. Die Entwicklung des naturwissenschaftlichen Denkens, dessen *empirische Methodik* und Streben nach einer „objektiven Wahrheit" den größten Unterschied zur Philosophie darstellen, hatte dabei einen besonderen Einfluss auf die Entstehung einer von der Philosophie abgelösten Psychologie.

So war es denn auch ein griechischer Philosoph, Pythagoras (wohl eher bekannt für seine Entdeckung der geometrischen Beziehungen in Dreiecken), der für die Naturwissenschaft, wie wir sie heute kennen, eine zündende Rolle gespielt hat. Vor 2500 Jahren experimentierte er mit Tönen, die schwingende Saiten von sich gaben und fand heraus, dass diese Töne dann ein harmonisches Zusammenspiel ergaben, wenn man die Saiten in ganzzahligen Verhältnissen teilte. Eine Saite, die man genau in der Mitte teilte (also im Verhältnis 1:1), ergab z.b. einen Ton, der genau eine Oktave über dem ursprünglichen Ton lag. Das Revolutionäre daran war, dass ein von uns Menschen subjektiv empfundenes Phänomen (Harmonie) durch simple mathematische Zahlenverhältnisse abgebildet werden konnte. Das menschliche Empfinden ließ sich also in Zahlen fassen. Da lag es nahe, dass das, was für einfache Töne galt, auch auf den Rest der Natur zutreffen sollte. Damit war die Idee der Naturwissenschaft geboren, nämlich dass sich die Natur und der Mensch prinzipiell mit Hilfe von Zahlen und Gesetzmäßigkeiten darstellen und verstehen lassen.

Die im 16. und 17. Jahrhundert aufblühenden Naturwissenschaften konnten mehr und mehr Erkenntnisse vorlegen, die durch objektive Methoden (wie Messinstrumente und eine vereinheitlichte wissenschaftliche Sprache) ermöglicht wurden. Naturwissenschaftliche Erkenntnisse vermehrten sich radikal und streiften auch den Menschen selbst – vor allem in den Bereichen Medizin und Physiologie. Daraufhin begann sich allmählich die Idee durchzusetzen, dass nicht nur der Körper des Menschen als Teil der Natur anzusehen und mit naturwissenschaftlichen Methoden zu untersuchen war, sondern auch der Geist, einschließlich des Bewusstseins. Damit wandelte sich die seit langem gestellte Frage „Was ist das Bewusstsein?" zur Frage „Wie funktioniert Bewusstsein?", die *Deutung* des Bewusstseins wurde also aufgegeben zugunsten einer *Analyse* des Bewusstseins. Bei einer Analyse geht man davon aus, dass das Wesen der Dinge ausschließlich durch ihre Funktionsweise definiert ist. Und so begann man, das Funktionieren des Bewusstseins naturwissenschaftlich zu untersuchen. Das bedeutete auch, dass das Bewusstsein in einzelne, untersuchbare Teile zerlegt werden musste (wie z.B. Gedächtnis, Sprache, Wahrnehmung). Diese funktionelle Teilung findet sich noch heute in der Psychologie.

Man kann also zusammenfassen, dass der Schritt von der Philosophie zur Psychologie ein methodischer Schritt war. Der Geist und das Bewusstsein sollten fortan nicht mehr mit philosophisch-deutenden sondern mit naturwissenschaftlichen Methoden untersucht werden. Was aber zeichnet die naturwissenschaftlichen Methoden aus?

Das Denken in Zahlen und Daten

Das Wort *Methode* stammt aus dem Griechischen und bedeutet soviel wie „der Weg zu etwas hin". Die Methode ist demnach ein Weg oder Werkzeug. Wenn wir als Psychologen Fragen über den Menschen stellen, müssen wir einen Weg gehen und Werkzeuge benutzen, die uns bei der Beantwortung dieser Fragen helfen. Das Ziel ist es, die verschiedenen methodischen, statistischen und mathematischen Werkzeuge so gut zu beherrschen, dass man auf psychologische Fragen wissenschaftliche Antworten geben kann.

Wie wir eben gesehen haben, benutzt die Philosophie die Deutung als ihre vorrangige Methode. Ihr Ziel ist das *Verstehen* von Zusammenhängen oder von Sinn. Die Naturwissenschaften hingegen folgen einer *empirisch-analytischen* Methode. Ihr Ziel ist das *Erklären* von Phänomenen. Sie suchen nach Regeln, Mechanismen, Funktionsweisen und Gesetzmäßigkeiten, die in mathematischen Beziehungen beschrieben werden können. Die Betonung liegt auf dem Vertrauen in die *Empirie* (griechisch *Erfahrung*). Die Naturwissenschaften nutzen also nicht das Denken oder den Verstand als Quelle der Erkenntnis, sondern die Erfahrung – also all das, was der Mensch mit Hilfe seiner Sinnesorgane wahrnehmen kann. Die Psychologie kann heute eher den Naturwissenschaften zugeordnet werden, auch wenn sie natürlich weiterhin eine sehr große Schnittstelle zur Philosophie aufweist. Schließlich sind psychologische Fragestellungen immer auch mit der Frage nach dem Sinn des Lebens oder des menschlichen Bewusstseins verbunden. Psychologische Erkenntnisse beziehen sich eben nicht auf Objekte, sondern auf denkende und fühlende Menschen, die etwas über sich selbst erfahren wollen.

Die Psychologie ist vorrangig eine empirische Wissenschaft. Sie stützt sich auf wahrnehmbare Erfahrungen und benutzt naturwissenschaftliche Methoden. Die Interpretation ihrer Erkenntnisse hat aber auch mit der menschlichen Sinnsuche und mit Verstehens- und Verständigungsprozessen zwischen Menschen zu tun.

Der entscheidende Punkt, wenn man die Psychologie als Wissenschaft verstehen und betreiben will, ist die Annahme, dass sich menschliches Erleben und Verhalten in Zahlen und Daten, in Mechanismen und Gesetzmäßigkeiten fassen und ausdrücken lässt. Und obwohl sich darüber streiten lässt, wie gut dieses Unternehmen gelingen kann, ist es doch eine wichtige Möglichkeit, gesichertes Wissen über uns selbst zu sammeln, das sich von bloßen Meinungen oder Überzeugungen abhebt.

Alltagspsychologie und wissenschaftliche Psychologie

An diesem Punkt befinden wir uns direkt an der spannungsgeladenen Schnittstelle zwischen Alltags- und wissenschaftlicher Psychologie. Die *Alltagspsychologie* beschreibt die subjektiven Überzeugungen, die Menschen über sich selbst und andere haben. Diese beruhen meist auf einzelnen, sehr selektiven Erfahrungen, etablieren sich über den Lebensverlauf und sind nur schwer zu ändern. Das liegt oft daran, dass Menschen für ihre subjektiven Überzeugungen gezielt nach Bestätigungen suchen, die sich immer leicht finden lassen. So argumentiert der Raucher gern, dass seine Großmutter auch ununterbrochen geraucht hat und trotzdem 90 Jahre alt wurde.

Anders gesagt: die Psychologie ist ein Fach, bei dem jeder meint mitreden zu können. Schließlich hat jeder eine eigene Psyche, von der er glaubt, ihr Funktionieren gut zu kennen und dieses auch auf andere übertragen zu können. So bildet sich jeder Mensch seine eigenen „naiven" Theorien, die manchmal stimmen können, oft aber wenig mit den Erkenntnissen der wissenschaftlichen Psychologie zu tun haben. Umso mehr ist es eine Herausforderung für alle, die Psychologie studieren, Aufklärungsarbeit gegen falsche oder schädigende Überzeugungen zu leisten und manche Dinge einfach „besser" zu machen.

Das stärkste Argument gegen falsche Überzeugungen können nur gute Daten und Fakten sein. Die Psychologie will diese Daten und Fakten *suchen*, *finden*, *interpretieren* und *nutzbar machen* bzw. *anwenden*. Diese Ziele sind nur durch ihre *Forschungsmethoden* erreichbar. Die Forschungsmethoden trennen die wissenschaftliche von der Alltagspsychologie; und das wissenschaftliche Vorgehen zeichnet sich aus durch:

- die systematische Beobachtung unter kontrollierten Bedingungen
- die Organisation gewonnenen Wissens in Hypothesen, Theorien, Gesetzen, Modellen
- die Systematisierung und Formalisierung der Theorien, um eine weltweit eindeutige Kommunikation und Überprüfbarkeit der Erkenntnisse zu gewährleisten.

Die Grenzen der empirischen Wissenschaft

Man mag behaupten, die Psychologie ziele wie jede andere Wissenschaft im Wesentlichen auf das Aufdecken von „Wahrheit" ab. Damit ist die Annahme verbunden, dass es so etwas wie eine *objektive Wahrheit* gibt – also eine von uns Menschen unabhängige, unveränderliche Wirklichkeit – und dass wir Menschen in der Lage sind, diese Wahrheit durch unsere Sinne und mit Hilfe der Forschung zu erkennen. Wenn wir so vorgehen, dann folgen wir einem realistischen Weltbild. Auf diesem Weltbild fußt die Psychologie und auch ein Großteil ihrer Methoden. Allerdings ist diese Sichtweise nicht die einzige. Neben dem Realismus gibt es andere Weltbilder, die entsprechend etwas anders an psychologische Fragestellungen herangehen. Mit diesen verschiedenen Weltbildern und den unterschiedlichen Auffassungen, wie gut die Wissenschaft eigentlich die Wahrheit aufdecken kann, beschäftigt sich die *Wissenschaftstheorie*. Eine alternative wissenschaftstheoretische Position, die relativ bekannt ist, ist zum Beispiel der Konstruktivismus. Anhänger dieser Richtung gehen davon aus, dass eine objektive, vom Menschen unabhängige Beschreibung der Wirklichkeit nicht möglich ist.

Die Widersprüchlichkeit dieser beiden wissenschaftlichen Weltbilder macht deutlich, dass auch Wissenschaft nie frei oder unabhängig ist von Annahmen und Überzeugungen. Wissenschaft ist kein weltweit verbindliches Geschäft, in dem es einheitliche Regeln gibt, mit denen alle übereinstimmen, oder das auf gleichen Voraussetzungen beruht. Das Entscheidende daran ist, dass wir nicht sagen können, welche wissenschaftliche oder wissenschaftstheoretische Auffassung die richtigere oder zutreffendere ist. Es gibt keine Instanz, die über der Wissenschaft steht und entscheiden könnte, welche Art von Wissenschaft die besseren oder richtigeren Erkenntnisse liefert. Das muss am Ende jeder Mensch für sich entscheiden – wenn jeder

Mensch auch mit einer kulturabhängigen Auffassung von Wissenschaft sozialisiert wird.

Die Wissenschaftstheorie lehrt uns damit auch, dass wir selbst die nach unserer westlichen Art von Wissenschaft erlangten „objektiven" Erkenntnisse nicht als eine universelle Wahrheit ansehen können, die für jedermann gelten müsste. Diese Tatsache wird oft vergessen und kann zu einem falschen Verständnis von Wissenschaft führen. Denn oft scheint die Wissenschaft bei ihrer „Suche nach Wahrheit" stillschweigend den Anspruch zu erheben, sie wäre prinzipiell in der Lage, auf alle Fragen, die sich der Mensch stellt, eine Antwort finden zu können. Entsprechend ist das Bild, das die Wissenschaft von der Welt vermittelt, ein Bild, welches aus objektiv gewonnen Fakten besteht, die schon allein dadurch einen Wahrheitsanspruch erheben, weil sie eben streng wissenschaftlich gewonnen wurden. In dieser Idee liegt allerdings der Fehlschluss, dass die Erkenntnisse, die die Wissenschaft generiert, bereits identisch sind mit den Antworten auf die Fragen, die wir Menschen uns stellen. Dies ist aber nur selten der Fall. Bleiben wir in der Psychologie. Psychologische Studien oder Experimente liefern uns Kennwerte oder statistische Parameter, die mit einer gewissen Wahrscheinlichkeit Aussagen über große Gruppen von Menschen zulassen. Kurz gesagt, was wir erhalten, sind meist Zahlen! Welche Wahrheit steckt aber in Zahlen?

Der Forschungsprozess endet nicht bei Zahlen und Daten, sondern er enthält einen weiteren – vielleicht den interessantesten – Schritt: die Zahlen und Daten müssen *interpretiert* werden. Aus ihnen muss eine Antwort auf die Ausgangsfragestellung abgeleitet werden. Das heißt nichts anderes, als dass aus den Daten eine Bedeutung herausgelesen werden muss. Das Entscheidende ist aber, dass diese Bedeutung nicht bereits in den Daten selbst steckt. Vielmehr sind die Daten nicht mehr als ein Hinweis – sie deuten an oder zeigen darauf, wie eine folgerichtige Interpretation aussehen *könnte*. Die Daten selbst sind immer objektiv und demnach nie falsch. Was aber falsch sein kann, ist unsere Interpretation. Die Geschichte der Wissenschaft hat immer wieder gezeigt, dass Daten so oder anders interpretiert werden können und dass diese Interpretationen manchmal ziemlich weit auseinanderliegen.

Was damit gesagt werden soll, ist schlicht und einfach, dass die Wahrheit, nach der wir suchen, immer ein Stück über die Wissenschaft hinaus geht. Wissenschaft ist ein relativ formales, in sich geschlossenes System, das

uns Daten und Fakten liefert. Sie erklärt aber nicht die Welt um uns herum
oder die Psyche. Dieses Erklären, Verstehen und Deuten liegt außerhalb der
Wissenschaft und wird von uns Menschen vollbracht. (Psychologische) Erkenntnisse sind also nie unstrittig oder in sich „wahr". Stattdessen sollten wir
erkennen, dass Wissenschaft uns eine Hilfe sein kann, mehr über uns und die
Welt, in der wir leben, zu erfahren. Dabei sollten wir aufmerksam und
kritisch mit wissenschaftlichen Daten umgehen und uns immer wieder vor
Augen halten, dass diese mehr als nur eine einzige Deutung zulassen. Nur so
können wir offen, neugierig und tolerant bleiben für alternative Sichtweisen,
neue Einfälle und den verständnisvollen Umgang mit anderen Menschen
und ihren unzähligen subjektiven Welten, die wir als Psychologen zu verstehen versuchen.

📖 *Literaturempfehlung*

Bunge, M. und Ardila, R. (1990). *Philosophie der Psychologie*. Tübingen: Mohr.
Westermann, R. (2000). *Wissenschaftstheorie und Experimentalmethodik*.
    Göttingen: Hogrefe.
Herzog, W. (in Vorbereitung). *Wissenschafts- und erkenntnistheoretische Grund-*
    lagen der Psychologie. Wiesbaden: VS Verlag für Sozialwissenschaften.

1.2 Der Prozess der Erkenntnisgewinnung

Wir haben bisher von Wissenschaft, Fragestellungen, Hypothesen und
Theorien gesprochen und sehr wenig von Statistik im eigentlichen Sinne.
Aber wir haben gelernt, dass Daten und Zahlen in der Psychologie eine
wichtige Rolle spielen. Im Folgenden wollen wir uns nun anschauen, wie der
generelle Ablauf zur Beantwortung einer Forschungsfrage aussieht und an
welcher Stelle die Statistik dabei ins Spiel kommt.

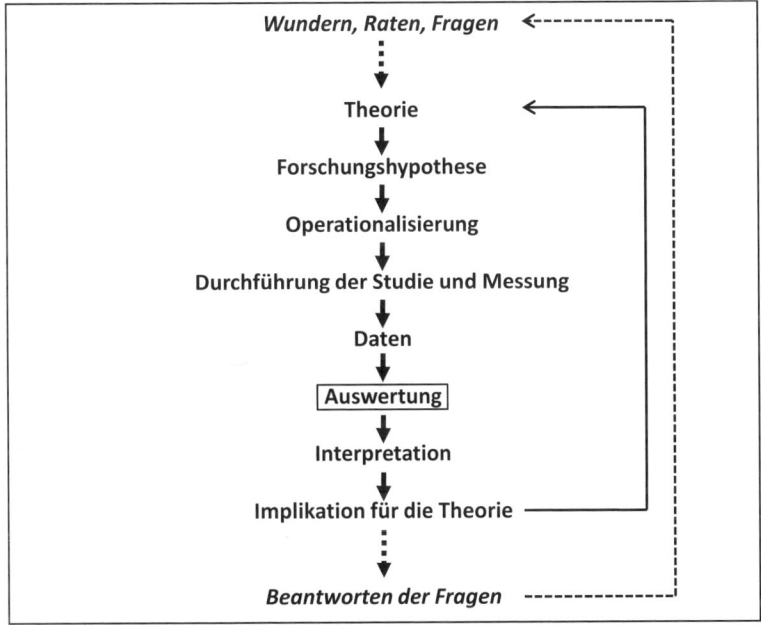

Abbildung 1.1: Der Prozess der Erkenntnisgewinnung

Am Anfang jeder Forschung steht immer das Wundern über die Dinge, das Fragen oder Raten, die Idee oder der Einfall. Das Wundern und Fragen stößt den eigentlichen Prozess der Erkenntnisgewinnung an. Der Ausgangspunkt des wissenschaftlichen Arbeitens ist dann die *Theorie*. Eine Theorie ist ein strukturiertes Gebilde von miteinander verbundenen Ideen, Annahmen und Hypothesen über einen Sachverhalt. Die Theorie *schlägt eine vorläufige Antwort* auf die gestellten Fragen *vor*. Eine Theorie lässt sich als Ganzes kaum prüfen, da sie in der Regel sehr umfangreich ist. Daher werden aus der Theorie einzelne *Hypothesen* abgeleitet. Hypothesen sind ebenfalls vorläufige Antworten, aber sie sind weniger umfangreich als eine Theorie. Sie haben immer die Form konkreter Aussagen und sind daher *prüfbar*. Die Hypothesen stellen den Kern eines Forschungsvorhabens dar – alle weiteren Schritte dienen im Wesentlichen der Prüfung der Hypothesen. Dafür müssen die Hypothesen zunächst in wissenschaftlich fassbare Begriffe übersetzt werden. Wenn wir beispielsweise die Hypothese haben, dass extrovertierte

Menschen mehr Geld für Kleidung ausgeben als introvertierte, dann müssen wir die Begriffe Extraversion und Introversion so definieren, dass sie „messbar" werden. Dieses methodische Definieren von Begriffen wird *Operationalisierung* genannt.

So wird Intelligenz beispielsweise durch den Punktwert in einem Intelligenztest operationalisiert, die menschliche Wahrnehmungsgeschwindigkeit durch Reaktionszeiten, usw. Nach der Operationalisierung kann der Forscher eine Studie planen, in der die entsprechenden Größen (hier z.B. der Grad an Extraversion und Introversion und das ausgegebene Geld für Kleidung) *gemessen* werden. Die Messung führt zu Daten, die statistisch *ausgewertet* werden. Hinter der Auswertung der Daten verbergen sich all diejenigen statistischen Methoden und Verfahren, um die es uns im Folgenden gehen wird. Die statistische Auswertung der Daten liefert schließlich das Hauptargument für die jeweilige Antwort, die man auf die eingangs gestellte Forschungsfrage geben möchte.

Der Forscher selbst muss nach dieser statistischen Auswertung die Aussage oder Bedeutung der Daten *interpretieren*. Das heißt, er muss eine Entscheidung darüber treffen, ob die Daten die Hypothese bestätigen oder widerlegen und welche *Implikationen* dabei für die Theorie entstehen. Daten führen also immer dazu, dass die Theorie ein Stück bestätigt oder verändert wird oder gar verworfen werden muss. Und in der Regel werfen Daten immer auch neue Fragen auf. Daher ist der Prozess der Erkenntnisgewinnung ein ständiger Kreislauf, der bestehende Theorien immer mehr verbessert oder zur Entwicklung neuer Theorien führt. Wenn man genug bzw. überzeugende Daten gesammelt hat, ist man schließlich in der Lage, auch die ursprünglichen Fragen zu beantworten, die den eigentlichen Forschungsprozess angestoßen haben.

Forschung hat viel mit Kreativität und neuen Ideen zu tun. Gute Theorien gehen meist auf äußerst kreative oder fremdartig erscheinende Einfälle zurück. Die Kreativität kann sich durch den gesamten Forschungsprozess ziehen, bis hin zur einfallsreichen Umsetzung von Studien, um schwierige Fragestellungen zu untersuchen. Bei anderen Schritten gilt es jedoch, auf größtmögliche Objektivität und Kontrollierbarkeit zu achten. Das gilt z.B. für das Messen und Auswerten von Daten.

Sie haben in diesem kurzen Abschnitt sehr viele neue Begriffe kennengelernt, da wir hier den gesamten Ablauf des Forschungsprozesses zusammengefasst haben. Die Begriffe und die einzelnen Schritte werden in den folgenden Kapiteln aufgegriffen und ausführlicher diskutiert. Behalten Sie das Ablaufschema aus Abbildung 1.1 gut im Hinterkopf.

1.3 Hypothesen in der Psychologie

Wenn sich die Psychologie als Wissenschaft vorstellt, wird ihr oft der Vorwurf gemacht, sie könne keine so „harten" Fakten liefern wie z.b. die Physik oder die Biologie. Das liegt daran, dass in der Psychologie nur selten *deterministische* Aussagen möglich sind – also Aussagen, die einen universalen kausalen Zusammenhang beschreiben. Ein Beispiel ist die sogenannte Frustrations-Aggressions-Hypothese, die von John Dollard und seinen Mitarbeitern 1939 formuliert wurde: Frustration führt zu aggressivem Verhalten. Diese Aussage ist so universal, dass schon ein einziger Gegenbeweis ausreicht, um sie zu widerlegen. Für Menschen sind solche universellen Aussagen fast nie gültig. Es gibt immer Situationen oder Bedingungen, in denen sich Menschen etwas anders verhalten. Daher werden die Aussagen meist in sogenannte *probabilistische* – also mit einer gewissen Wahrscheinlichkeit zutreffende – Aussagen umformuliert. Die deterministische Hypothese von oben wurde später umformuliert in eine probabilistische Hypothese: Bei Frustration tritt aggressives Verhalten „häufiger" auf, als wenn keine Frustration vorliegt. Probabilistische Aussagen sind durch einzelne Gegenbefunde nicht widerlegbar. Probabilistische Hypothesen werden meist auch *statistische Hypothesen* genannt, weil sie Angaben über statistische Verhältnisse (wie „häufiger", „mehr", „stärker", „dreimal so viel" usw.) beinhalten. Dass Aussagen in der Psychologie in der Regel nur mit einer bestimmten Wahrscheinlichkeit oder unter bestimmten Bedingungen gelten, ist der Grund dafür, dass man in diesem Fach nur selten auf den Begriff „Gesetz" trifft. Stattdessen wird von Theorien oder Modellen gesprochen.

Trotz der Tatsache, dass die Psychologie nur selten deterministische Aussagen treffen kann, gilt das Argument mit der „Härte" verschiedener Wissenschaften heute allerdings nicht mehr uneingeschränkt. Wie sich gezeigt hat, sind auch Aussagen in Fächern wie Physik und Biologie nicht länger nur deterministisch, seit die Forscher in Gebiete wie die Chaostheorie oder die Quantenmechanik eingedrungen sind. Und auf der anderen Seite

kennt man in der Psychologie allgemeine Gesetzmäßigkeiten, die beispielsweise mit Lernen oder Wahrnehmen zu tun haben, und die genauso all-
gemeingültig sind wie Gesetze in den Naturwissenschaften.

1.4 Zusammenhänge und Unterschiede

Sie werden in der Psychologie viel von Zusammenhängen und Unter-
schieden hören. *Jede* Hypothese beschreibt entweder einen Zusammenhang
oder einen Unterschied. *Zusammenhangshypothesen* haben die allgemeine
Form „je – desto", z.B.: „wer mehr raucht, wird früher sterben". Hier wird
also eine Hypothese über den Zusammenhang von Rauchen und Lebens-
erwartung formuliert. *Unterschiedshypothesen* hingegen beschreiben Unterschiede zwischen Personen oder Unterschiede in Merkmalen einer Person
über die Zeit hinweg, z.B.: „Personen, die bunte Werbung gesehen haben,
kaufen mehr als Personen, die einfarbige Werbung gesehen haben".

Für Unterschieds- und Zusammenhangshypothesen gibt es verschiedene methodische Auswertungsverfahren – erste Verfahren zur Analyse von
Zusammenhängen werden in Kapitel 4 besprochen. Tiefer ins Detail geht es
im Band „Statistik II" (Schäfer, in Vorbereitung). Entscheidend ist aber die
Tatsache, dass beide Arten von Hypothesen stets *ineinander überführbar* sind.
So können wir die Zusammenhangshypothese, dass Menschen, die mehr
rauchen, auch früher sterben, in eine Unterschiedshypothese umformulieren,
etwa „starke Raucher sterben früher als Gelegenheitsraucher". Wir haben
jetzt zwei Gruppen, die wir miteinander vergleichen. Umgekehrt können wir
die Unterschiedshypothese, dass bunte Werbung besser wirkt als einfarbige,
in eine Zusammenhangshypothese umformulieren: „Je farbiger eine
Werbung gestaltet ist, desto wirksamer ist sie."

Jede Hypothese beschreibt entweder einen Unterschied oder einen Zusammenhang. Unterschieds- und Zusammenhangshypothesen sind immer
ineinander überführbar.

Das waren nur Beispiele, und es ließen sich viele ähnliche Formulierungen
finden, um die entsprechenden Hypothesen auszudrücken. Welche Art der

Formulierung geeigneter ist, hängt von der Fragestellung ab. Manchmal kann man sich Zusammenhänge besser vorstellen als Unterschiede und umgekehrt. Sie sollten jedoch lernen, jede Fragestellung sowohl als Unterschied als auch als Zusammenhang zu verstehen. Überlegen Sie sich einfach beliebige Hypothesen im Alltag und probieren Sie es aus!

2 Grundbegriffe der Datenerhebung: vom Mensch zur Zahl

Statistik bezeichnet die, meist hypothesengeleitete, Auswertung von numerischen (quantitativen) Daten, die Rückschlüsse auf gestellte Forschungsfragen zulassen. Doch die Daten und Zahlen, mit denen man bei der Auswertung arbeitet, kommen nicht aus dem luftleeren Raum, sondern müssen zunächst gewonnen werden. In der Datenerhebung – gewissermaßen der „Umwandlung" des Menschen, seines Verhaltens und Erlebens in Zahlen – liegt deshalb eine große Herausforderung. Als Statistiker sollte man den Prozess der Datenerhebung nie aus den Augen verlieren – denn allzu leicht verfällt man sonst dem Trugschluss, dass die Zahlen, mit denen man arbeitet, objektive und zweifelsfreie Aussagen über den Menschen erlauben. Tatsächlich aber wird der Transformationsprozess vom Mensch zur Zahl an vielen Stellen durch die Entscheidungen des Forschers beeinflusst, ob nun bei der Operationalisierung (siehe Abschnitt 2.1) oder bei der Wahl der Stichprobe (siehe Abschnitt 2.5).

Datenerhebung muss übrigens nicht zwangsläufig mit einem Ergebnis in Zahlen enden. Ist letzteres der Fall und schließt sich eine statistische Auswertung an, spricht man von *quantitativen Methoden*. Da es in diesem Buch um Statistik geht, ist das quantitative Denken das Feld, in dem wir uns hier bewegen. Neben den quantitativen Methoden existieren auch noch die sogenannten *qualitativen Methoden*, bei deren Anwendung weitgehend auf Zahlen verzichtet wird und alternative Zugänge zum menschlichen Verhalten und Erleben gesucht werden, z.B. in Form von Fallstudien oder narrativen Interviews. Bei einigen Fragestellungen hat sich gezeigt, dass diese nur durch qualitative Fragestellungen überhaupt zugänglich gemacht werden können. Der Großteil der psychologischen Forschung fokussiert heute auf den quantitativen Methoden, wenn auch zu beobachten ist, dass die Verwendung qualitativer Methoden in der Psychologie wieder zunimmt.

📖 *Literaturempfehlung*

Flick, U., von Kardorff, E. und Steinke, I. (2004). (Hrsg.). *Qualitative Forschung: Ein Handbuch* (3. Aufl.). Reinbek: Rowohlt.
Sedlmeier, P. und Renkewitz, F. (2007). *Forschungsmethoden und Statistik in der Psychologie*. München: Pearson (Kapitel 25).

2.1 Die Grundidee des Messens

Da es das Ziel der Psychologie ist, menschliches Erleben und Verhalten zu erklären und zu verstehen, muss sie einen geeigneten Zugang zum Erleben und Verhalten finden, der das Durchführen wissenschaftlicher Untersuchungen erlaubt. In diesem Zugang liegt eine sehr zentrale Herausforderung. Denn vieles, über das wir reden, wenn es um Menschen und ihr Erleben und Verhalten geht, können wir nicht einfach mit einem Mikroskop beobachten oder mit einem Lineal messen. Es gibt natürlich einige Dinge, die man einfach bestimmen oder messen kann, wie beispielsweise das Alter oder das Geschlecht einer Person, ihr Einkommen oder das Geld, das sie pro Tag für Lebensmittel ausgibt. Für andere interessierende Größen ist das nicht so leicht, stattdessen müssen geeignete Instrumente entwickelt werden, mit denen ein solcher Zugang möglich gemacht werden kann. Mit anderen Worten: man benötigt geeignete Messinstrumente für das Erfassen von Emotionen, Verhaltensweisen, Einstellungen, Persönlichkeitsmerkmalen usw. Das Problem dabei besteht – wie man sich leicht vorstellen kann – in der Übersetzung solcher psychologischer Phänomene in Zahlen und Daten. Beispielsweise könnten wir uns für das Thema „Intelligenz" interessieren. Wie soll man die Intelligenz eines Menschen bestimmen? Was ist Intelligenz überhaupt? Lässt sie sich messen? Und wenn ja, was sagen uns dann die konkreten Zahlen, die nach der Messung übrig bleiben?

Bleiben wir beim Beispiel Intelligenz. Zur Frage, was Intelligenz ist, müssen zuerst theoretische Überlegungen angestellt werden. Und es wird in erster Linie eine Definitionsfrage sein, was eine Gemeinschaft von Forschern unter Intelligenz verstehen möchte und was nicht. Die zweite Frage – ob Intelligenz messbar ist – wird von der Psychologie prinzipiell mit Ja beantwortet. Denn da sie eine Wissenschaft ist, versucht sie ja genau das zu bewerkstelligen: sie versucht, Erleben und Verhalten in wissenschaftlich untersuchbare Teile oder Einzelheiten zu zerlegen. Im ersten Kapitel haben wir diesen Prozess als *Operationalisierung* kennengelernt: das Einigen auf geeignete Messinstrumente. Der Sinn des Messens ist es, mit Hilfe von Zahlen möglichst genau abzubilden, was ein Mensch denkt, fühlt oder welche Verhaltensweisen er zeigt. Am Ende soll also eine objektive Zahl für ein meist subjektives Phänomen stehen; die Zahl soll das Phänomen *repräsentieren*.

Messen besteht im Zuordnen von Zahlen zu Objekten, Phänomenen oder Ereignissen, und zwar so, dass die Beziehungen zwischen den Zahlen die analogen Beziehungen der Objekte, Phänomene oder Ereignisse repräsentieren.

Wenn in dieser Definition von Objekten gesprochen wird, so können damit beispielsweise Einstellungen gemeint sein. Eine Einstellung ist die (meist wertende) Überzeugung, die eine Person gegenüber einem gewissen Gegenstand oder Sachverhalt hat. So kann jemand den Umweltschutz befürworten oder kritisieren, und auch die Stärke einer Befürwortung oder einer Kritik kann bei verschiedenen Personen verschieden stark ausgeprägt sein (sie kann also variieren). Will ein Forscher nun die Einstellungen verschiedener Personen zum Umweltschutz messen, muss er dafür ein geeignetes Instrument finden oder entwickeln. In diesem Fall könnte er beispielsweise einen Fragebogen entwerfen, auf dem die befragten Personen ihre Meinung auf einer Skala ankreuzen können. Wie solche Skalen aussehen können und welche weiteren Möglichkeiten es gibt, solche Messungen durchzuführen, werden wir im Folgenden sehen. In jedem Fall aber wird der Forscher davon ausgehen wollen, dass das, was er mit seinem Fragebogen erfasst hat, auch dem entspricht, was die befragten Personen wirklich „gemeint" haben.

Die Übersetzung von Objekten, Phänomenen oder Ereignissen in Zahlen wird in Abbildung 2.1 verdeutlicht. Beim Messen werden häufig die Begriffe empirisches und numerisches Relativ verwendet. Das *empirische Relativ* bezieht sich dabei auf die tatsächlichen (empirischen) Verhältnisse oder Tatsachen in der Welt. Beispielsweise könnte ein Forscher die Aggressivität von Personen messen wollen. Die durch eine geeignete Operationalisierung zugänglich und beobachtbar gemachte Aggressivität dieser Personen würde dabei das empirische Relativ bilden. Und es wäre auch möglich, dass zehn verschiedene Personen zehn verschiedene Ausprägungen in der Stärke ihrer Aggressivität haben. Die Idee beim Messen ist es nun, jeder Person einen Zahlenwert für die Stärke ihrer Aggressivität zuzuordnen. Diese Zahlen sollen möglichst gut die tatsächliche Stärke der Aggressivität wiedergeben oder abbilden. Sie bilden dann das *numerische Relativ*. Mit Hilfe der Zahlen ist es nun möglich, Unterschiede oder Verhältnisse zu beschreiben, die die Unterschiede und Verhältnisse der tatsächlichen Aggressivität der Personen widerspiegeln.

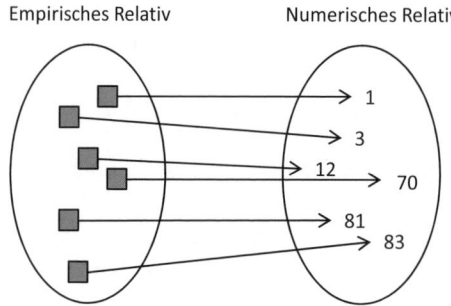

Abbildung 2.1:   Empirisches und numerisches Relativ beim Messen

Die Abbildung eines empirischen in ein numerisches Relativ kann mehr oder weniger gut gelingen. In der Psychologie hat dieses Problem sogar einen Namen: das *Repräsentativitätsproblem*. Wie dieser Name bereits andeutet, geht es hierbei um die Frage, wie repräsentativ eine Messung für das ist, was gemessen werden soll. Für physikalische Eigenschaften stellt sich dieses Problem nicht: das Körpergewicht eines Menschen lässt sich z.B. zweifelsfrei mit einer Waage feststellen. Außerdem wird sofort klar, was es bedeutet, wenn eine Person 2 Kilogramm schwerer ist als eine andere Person, oder auch, wenn sie „doppelt so schwer" ist. Auch die Eigenschaften Alter und Geschlecht haben wir eben schon genannt; sie sind einfach feststellbar. In der Psychologie sind jedoch die meisten Eigenschaften nicht so eindeutig in Zahlen überführbar. Man kann beispielsweise nicht mehr so einfach behaupten, dass eine Person doppelt so aggressiv sei wie eine andere Person. Was soll mit „doppelt so viel" gemeint sein? Wie kann die Psychologie das Repräsentativitätsproblem zumindest annähernd lösen? In der Regel wird dies versucht, indem man den Prozess des Messens so gut und genau wie möglich gestaltet. Was wiederum eine „gute" Messung ist, ist in der Psychologie genauestens definiert. Die Erfüllung sogenannter Gütekriterien (z.B. Reliabilität, Validität), auf die hier nicht näher eingegangen werden kann (siehe z.b. Kapitel 3 aus Sedlmeier & Renkewitz, 2007), spielt dabei eine wichtige Rolle.

Ein wesentliches Ziel der quantitativen Vorgehensweise ist es daher, geeignete Messinstrumente zu entwickeln, die das, was gemessen werden soll, auf einer (numerischen) Skala so genau wie möglich abbilden. Im übernächsten Abschnitt werden wir verschiedene Arten von Skalen kennenlernen und sehen, was man mit ihnen machen kann. Vorher jedoch ist es notwendig, einige Begriffe zu klären, die im Zusammenhang mit Messen und Testen immer wieder auftauchen und für das weitere Verständnis unerlässlich sind.

2.2 Variablen und Daten

Wir haben bisher oft davon gesprochen, dass man bestimmte Dinge oder Größen messen will. Wenn man etwas misst, dann haben diese „Dinge" oder „Größen" einen Namen; sie heißen *Variablen*.

> Messen bezieht sich immer auf Variablen. „Variable" ist die Bezeichnung für eine Menge von Merkmalsausprägungen.

Die Variable ist der zentrale Begriff in Methodenlehre und Statistik. Denn letztendlich geht es ja immer um die Erklärung von Phänomenen, die verschiedene Ausprägungen annehmen können, die also *variabel* sind. Etwas, das bei verschiedenen Menschen oder über die Zeit hinweg immer in derselben Ausprägung vorliegt, stellt also keine Variable dar und kann auch nicht gemessen werden. Das hört sich erst mal etwas seltsam an, doch egal womit sich die Psychologie beschäftigt – alles lässt sich als Variable ausdrücken: Bei der Untersuchung von Intelligenz geht es darum zu erklären,

warum eine Person intelligenter ist als eine andere. Bei Persönlichkeitsmerkmalen (wie z.b. Großzügigkeit) soll erklärt werden, warum sie bei verschiedenen Personen verschieden stark ausgeprägt sind. Bei psychischen
Störungen möchte man wissen, warum der eine sie bekommt, der andere
nicht. Und natürlich sucht man bei all diesen Fragen nach den Ursachen, die
wiederum auch als Variablen gemessen werden. Variablen, die oft als
Ursachen in Frage kommen, sind beispielsweise das Alter von Personen, ihr
Geschlecht, ihr Bildungsstand, ihre Sozialisationsbedingungen usw. – alles
Größen, die bei verschiedenen Menschen verschieden (variabel) sein können.

Das Besondere an einer Variable ist also, dass sie verschiedene *Ausprägungen* annehmen kann. Je nachdem, welche Ausprägungen eine Variable
hat, lassen sich dichotome, kategoriale und kontinuierliche Variablen unterscheiden.

Dichotome, kategoriale und kontinuierliche Variablen

Jede Variable muss mindestens zwei Ausprägungen haben. Wenn sie genau
zwei Ausprägungen hat, dann wird sie auch *dichotome Variable* genannt.
Dichotom bedeutet so viel wie Entweder/Oder. Eine typische dichotome
Variable ist z.B. das Geschlecht: es kann nur die Ausprägungen männlich
oder weiblich annehmen. Eine Vielzahl von Variablen lässt sich als dicho-
tome Variablen behandeln oder darstellen. Beispielsweise könnte man
Menschen ganz grob danach einteilen, ob sie jung sind (z.B. höchstens 40
Jahre alt) oder alt (alle, die älter sind als 40 Jahre). Dann hätte man wieder
eine Variable mit zwei Ausprägungen. Eine solche Festlegung von
Variablenausprägungen ist natürlich sehr willkürlich, aber sie kann je nach
Forschungsfrage ausreichend oder angemessen sein. Ähnlich könnte man
demnach auch jeweils zwei Gruppen von intelligenten/nicht intelligenten,
aggressiven/friedfertigen oder introvertierten/aufgeschlossenen Personen
bilden. In vielen Fällen ist die interessante Frage auch einfach die, ob ein
bestimmtes Merkmal vorliegt oder nicht vorliegt, also z.B., ob jemand
Raucher ist oder nicht, ob jemand eine bestimmte Krankheit hat oder nicht,
ob jemand aus einer Scheidungsfamilie stammt oder nicht, usw.

Wenn nun eine Variable mehr als zwei Ausprägungen hat, dann stellt
sich die Frage, wie diese Ausprägungen abgestuft sind. Es gibt dabei zwei
Möglichkeiten. Eine Möglichkeit ist, dass die verschiedenen Ausprägungen

der Variablen einzelne Kategorien beschreiben. Nehmen wir das Beispiel Haarfarbe, dann könnten wir hier eine Variable definieren, die die Ausprägungen schwarz, blond, braun und rot hat. Diese vier Antwortalternativen entsprechen einfach vier verschiedenen Kategorien. Daher werden solche Arten von Variablen auch *kategoriale Variablen* genannt.

Eine andere Möglichkeit ist, dass die Ausprägungen einer Variable keine Kategorien bilden, sondern stufenlos (kontinuierlich) gemessen werden können. Sie heißen daher *kontinuierliche Variablen*. In diese Rubrik fallen die meisten Variablen. Einfache Beispiele sind Zeit, Länge oder Gewicht. Diese Variablen kann man kontinuierlich, also in beliebig kleinen Schritten oder Unterteilungen messen. Typisch für diese Variablen ist natürlich, dass man sie in Zahlen ausdrückt, die außerdem beliebig genau sein können (je nachdem, wie viele Stellen nach dem Komma man für diese Zahlen benutzen möchte). So kann die Größe einer Person z.B. 175 cm betragen. Man kann die Größe aber auch genauer angeben, z.B. 175,45 cm. Eine solche Bezeichnung mit Zahlenwerten ist für kontinuierliche Variablen also unumgänglich, während man kategoriale Variablen zunächst nicht in Form von Zahlenwerten erfasst. Wie wir später noch sehen werden, versucht man in der Psychologie häufig, das Erleben und Verhalten mit Hilfe von kontinuierlichen Variablen zu messen.

Manifeste und latente Variablen

Variablen lassen sich nach einem weiteren Gesichtspunkt unterscheiden, der besonders für die Psychologie sehr wichtig ist. Es geht um die Frage, ob man eine Variable direkt messen kann oder ob sie sozusagen im Verborgenen liegt. Nehmen wir einmal an, wir untersuchen das Kaufverhalten einer Person und wollen wissen, wie der Betrag, den sie an der Supermarktkasse für Lebensmittel ausgibt, von ihrer Einstellung gegenüber gesunder Ernährung abhängt. Den Geldbetrag, den die Person an der Kasse bezahlt, können wir einfach registrieren. Diese Variable manifestiert sich also direkt und wird daher *manifeste Variable* genannt. Die Einstellung der Person gegenüber gesunder Ernährung können wir hingegen nicht so einfach bestimmen; sie ist nach außen nicht sichtbar, sondern liegt in einem subjektiven Werturteil der Person. Wie sollen wir diese Einstellung also messen? Eine Möglichkeit wäre auch hier wieder, einen Fragebogen zu entwerfen, mit dem der Forscher mit Hilfe von ausgewählten Fragen zum Thema Ernährung auf die Einstellung der Person schließen kann. Wir sehen aber, dass diese Einstellung für den Forscher prinzipiell im Verborgenen liegt, also latent ist. Solche Variablen – die man nicht direkt messen kann, sondern durch andere Variablen (z.B. durch die Angaben auf einem Fragebogen) erst erschließen muss – heißen *latente Variablen*.

Variablen, die man direkt messen kann, heißen manifeste Variablen. Solche, die man nicht direkt messen kann, sondern erst mit Hilfe anderer Variablen erschließen muss, heißen latente Variablen.

In der Psychologie ist die Mehrzahl aller interessanten Variablen latent und muss durch geeignete Instrumente zugänglich gemacht werden. Diesen Schritt haben wir oben als Operationalisierung bezeichnet. Latente Variablen haben auch noch einen anderen Namen, der in der Psychologie sehr gebräuchlich ist: sie heißen auch *Konstrukte*. Konstrukte sind Begriffe, die theoretisch sinnvoll erscheinen, um etwas Interessantes zu beschreiben, was nicht direkt beobachtbar oder messbar (also latent) ist und erst durch andere Variablen erschlossen werden muss. Mit einigen Beispielen für latente Variablen haben wir schon hantiert, beispielsweise Intelligenz, Aggressivität oder Persönlichkeit. Aber auch basale Begriffe wie Wahrnehmung, Lernen, Gedächtnis, Motivation usw. sind Konstrukte: sie beschreiben etwas, was psychologisch interessant ist, was aber erst einmal lediglich ein Begriff ist und nicht etwas, was man direkt sehen oder messen kann. Wenn Sie schon einmal an einem Intelligenztest teilgenommen haben, dann wissen Sie, dass man dort viele Fragen beantworten und viele Aufgaben lösen muss. All diese Fragen und Aufgaben sind Variablen, die auf das Konstrukt Intelligenz *hindeuten* sollen.

Unabhängige und abhängige Variablen

Eine weitere Unterscheidung, die uns im Rahmen der psychologischen Forschung begleiten wird, ist die zwischen unabhängigen und abhängigen Variablen. Die *abhängige Variable* ist im Forschungsprozess immer diejenige Variable, an deren Erklärung oder Beschreibung man interessiert ist. Wir könnten beispielsweise den Altersdurchschnitt von zwei verschiedenen Städten bestimmt und daraufhin festgestellt haben, dass sich die beiden Durchschnittswerte unterscheiden. Und nun werden wir sehr wahrscheinlich der Frage nachgehen wollen, woran das liegt. Warum ist das Durchschnittsalter in den beiden Städten verschieden? Dafür können mehrere Variablen als Ursache in Betracht kommen – Variablen, die in beiden Städten verschiedene Ausprägungen haben. Beispielsweise könnte die eine Stadt eine Großstadt sein, in der viele junge Leute leben, während die andere Stadt auf dem Land liegt und aufgrund hoher Arbeitslosigkeit weniger attraktiv ist. Diese Variable – nennen wir sie „Urbanisierungsgrad" – würde also als mögliche Erklärung für den Altersunterschied in Frage kommen. Sie wäre dann eine *unabhängige Variable*, denn ihre Ausprägung (z.b. hoher vs. niedriger Urbanisierungsgrad) ist von vornherein durch unsere Fragestellung und die konkrete Untersuchung gegeben, sie ist sozusagen unabhängig von anderen Variablen. Das Entscheidende ist, dass die Ausprägung der abhängigen Variable von der Ausprägung der unabhängigen Variable abhängt. In unserem Beispiel ließe sich das so verallgemeinern: wenn sich der Urbanisierungsgrad einer Stadt verändert, dann verändert sich auch der Altersdurchschnitt ihrer Einwohner.

Prinzipiell lässt sich jede Erkenntnis, die die wissenschaftliche Psychologie aufgrund empirischer Daten erlangt, in der Form *unabhängige Variable* → *abhängige Variable* beschreiben. Wie wir noch sehen werden, ist es oft das Ziel psychologischer Forschung, unabhängige Variablen ausfindig zu machen oder sogar selbst zu manipulieren und den Effekt auf die abhängige Variable zu untersuchen. Die Aufgabe der Forschungsmethoden und vor allem der Statistik ist es dabei, den Zusammenhang zwischen unabhängiger und abhängiger Variable mathematisch zu beschreiben und zu verallgemeinern. Wann immer wir nach Erklärungen für ein psychologisches Phänomen suchen, wird diese Erklärung in Form einer unabhängigen Variable formuliert sein.

Die unabhängige Variable *(UV)* ist die Variable, die während einer Untersuchung fokussiert oder während eines Experimentes systematisch variiert oder manipuliert wird. Die abhängige Variable *(AV)* ist die Variable, mit der der Effekt festgestellt wird, der auf die UV zurückführbar ist.

Die verschiedenen Unterteilungen von Variablen sind in Tabelle 2.1 noch einmal zusammengefasst.

Tabelle 2.1:   Verschiedene Arten von Variablen

Variablen lassen sich einteilen...	**Beschreibung**	**Beispiele**
nach der Art ihrer Ausprägungen		
Dichotom	nur 2 mögliche Ausprägungen	Geschlecht, Raucher/Nichtraucher, Atomgegner/Atombefürworter
Kategorial	mehrere Ausprägungen, die verschiedenen Kategorien entsprechen	Schulabschluss, Wohngegend, Musikgeschmack
kontinuierlich	stufenlos messbare Ausprägungen	Alter, Intelligenz, Anzahl von Geschwistern
nach ihrer Beobachtbarkeit bzw. Messbarkeit		
Manifest	direkt messbar oder beobachtbar	Alter, Geschlecht, präferiertes Fernsehprogramm
Latent	nicht direkt messbar oder beobachtbar, muss erschlossen werden	Intelligenz, Einstellung gegenüber Ausländern, Glücklichkeit

Fortsetzung von Tabelle 2.1

nach ihrer Rolle im Forschungsprozess		
Unabhängig	wird beobachtet oder systematisch variiert	Hintergrundmusik in Kaufhaus A, aber nicht in Kaufhaus B
Abhängig	wird als Effekt der UV gemessen	Umsatz in Kaufhaus A und Kaufhaus B

Wir wissen jetzt, was Variablen sind und dass sich Messen immer auf Variablen bezieht. Wenn wir Variablen gemessen und bestimmte Ergebnisse erhalten haben, dann werden diese Ergebnisse *Daten* genannt. Daten sind damit Ausschnitte der Wirklichkeit, die als Grundlage für empirisch-wissenschaftliche Erkenntnisse benötigt werden. Die Daten bilden letztendlich die Basis für jede Art von Aussage, die ein Forscher über einen bestimmten Gegenstand machen kann.

2.3 Daten auf unterschiedlichem Niveau: das Skalenproblem

Skalen und Skaleneigenschaften

Wie wir gesehen haben, können wir die Ausprägung einer Variable messen (den empirischen Relationen numerische zuordnen). Dabei kann diese Messung ganz unterschiedlich aussehen: sie kann darin bestehen, dass man danach fragt, ob eine bestimmte Variablenausprägung vorliegt oder nicht, ob sie in eine bestimmte Kategorie fällt, oder man sucht einen Zahlenwert, wenn die Variablenausprägung kontinuierlich gemessen werden kann. Offenbar haben wir es hier also mit ganz unterschiedlichen Arten von Messung zu tun, und die Daten (also das Ergebnis der Messung) liegen in ganz verschiedenen Formaten vor. Diese Unterschiede kommen daher, dass wir Messungen auf verschiedenen *Skalen* machen können. Der Begriff „Skala" beschreibt die Beschaffenheit des empirischen und des numerischen Relativs sowie eine Abbildungsfunktion, die die beiden verbindet. Dabei geht es um die Frage, wie das, was durch das empirische Relativ erfasst wird, durch ein numerisches Relativ (also durch Zahlen) sinnvoll repräsentiert werden kann. Je nach Beschaffenheit des empirischen Relativs sind verschiedene Abbildungsfunktionen in Zahlenwerte möglich. Insgesamt kann man vier Arten von Skalen unterscheiden; man spricht auch von *Skalenniveaus*: Nominal-, Ordinal-, Intervall- und Verhältnisskala. Von Skalen„niveaus" spricht man deshalb, weil der Informationsgehalt und die mathematische Güte über die vier Skalen hinweg steigen. Doch schauen wir uns zunächst an, was es mit diesen Skalen auf sich hat.

Die *Nominalskala* ist die einfachste Skala. Auf ihr werden dichotome und kategoriale Variablen gemessen, und sie ist lediglich dazu geeignet, die Gleichheit oder Ungleichheit von Variablenausprägungen zu beschreiben. Betrachten wir noch einmal das Beispiel Haarfarbe mit den Ausprägungen schwarz, blond, braun und rot. Wenn wir mehrere Personen hinsichtlich ihrer Haarfarbe untersuchen, dann können wir sagen, dass eine bestimmte Anzahl von Leuten z.B. schwarze Haare hat und dass diese Leute in der Haarfarbe schwarz übereinstimmen. Ein anderes Beispiel könnte das Genre von Musikstücken sein: z.B. Klassik, Pop, Electro. Jedes Musikstück lässt sich für diese Variable in eine Kategorie einordnen. Wenn zwei Musikstücke in der gleichen Kategorie landen, dann wissen wir, dass sie hinsichtlich ihres Genres übereinstimmen. Das ist alles. Wir können mit Variablen, die auf einer Nominalskala gemessen wurden, keinerlei weitere mathematische Berechnungen anstellen. Wir könnten zwar den verschiedenen Variablenausprägungen Zahlen zuordnen (z.B. eine 1 für schwarze Haare, eine 2 für blonde Haare, eine 3 für braune Haare und eine 4 für rote Haare), aber diese Zahlen drücken keine quantitativen Beziehungen aus. Wir können nicht etwa sagen, dass blonde Haare „doppelt so viel" sind wie schwarze Haare, weil 2 doppelt so viel ist wie 1. Und wir können auch nicht sagen, dass rote Haare irgendwie „mehr" oder „besser" sind als schwarze. Diese Aussagen machen offenbar keinen Sinn. Daten auf Nominalskalenniveaus lassen also nur qualitative Aussagen zu.

Eine zweite Art von Variablen lässt sich so messen, dass man auch quantitative (also mengenmäßige) Aussagen über ihre Ausprägungen machen kann, weil sie bestimmte Relationen erkennen lassen. Ein gutes Beispiel sind die Ränge bei einem sportlichen Wettkampf. Wenn die drei Sieger die Ränge 1, 2 und 3 bekommen, dann wissen wir, wer der Beste war, wer der Zweitbeste und wer der Drittbeste. Mit den Rängen 1, 2, 3 können wir also eine Relation deutlich machen, die einen quantitativen Unterschied beschreibt. Man kann auch von einer größer-kleiner Relation sprechen. Daten, die solche Aussagen über Relationen zulassen, befinden sind auf *Ordinalskalenniveau*. Obwohl wir hier schon mathematisch von größer-kleiner Beziehungen sprechen können, sind wir aber immer noch nicht in der Lage, mit solchen Daten die genauen numerischen Distanzen zwischen Variablenausprägungen zu beschreiben. Wenn wir beim Beispiel der Ränge 1, 2, 3 bleiben, wissen wir also hier nicht, „um wie viel besser" der Sportler mit Rang 1 als der Sportler mit Rang 2 war. Er könnte z.b. doppelt so schnell oder dreimal so schnell gewesen sein, oder aber auch nur wenige Millisekunden schneller. Und wir wissen auch nicht, ob der Abstand zwischen den Sportlern mit den Rängen 1 und 2 genauso groß war wie der zwischen den Sportlern mit den Rängen 2 und 3. Über diese *absoluten* Unterschiede und über die Größe der Differenzen erfahren wir also nichts, sondern müssen uns damit begnügen, nur etwas über die *relativen* Unterschiede zwischen den Variablenausprägungen zu erfahren.

Um tatsächlich etwas über absolute Unterschiede herausfinden zu können, müssen wir unsere Daten mindestens auf einer *Intervallskala* messen. Die Bezeichnung „Intervall" drückt aus, dass auf dieser Skala die genauen Intervalle (also Abstände) zwischen den einzelnen Variablenausprägungen gemessen werden können. Ein Beispiel ist die Messung von Intelligenz mit Hilfe des Intelligenzquotienten (IQ). Der IQ wird auf einer Skala gemessen, die mehr oder weniger willkürlich festgelegt wurde. Sie ist so angelegt, dass die meisten Menschen auf dieser Skala einen Wert von ca. 100 erreichen. IQ-Werte, die kleiner oder größer sind als 100, sind nicht mehr so häufig und solche, die sehr stark von 100 abweichen (z.b. 180 oder 65) sind schon sehr selten. Das Entscheidende ist aber, dass man mit Hilfe der IQ-Skala die absoluten Unterschiede zwischen Personen bestimmen kann und dass man außerdem etwas über die Gleichheit oder Ungleichheit von Differenzen sagen kann. Wenn eine Person einen IQ von 110 und eine andere Person einen IQ von 120 hat, dann weiß man nicht nur, dass Person 2 intelligenter ist als Person 1, sondern man hat auch eine Vorstellung darüber, was dieser Unterschied inhaltlich bedeutet (sofern man weiß, was genau in dem Test gemacht wurde). Außerdem weiß man, dass sich diese beiden Personen in ihrer Intelligenz genauso stark unterscheiden wie zwei andere Personen, die einen IQ von 90 und einen IQ von 100 haben: in beiden Fällen beträgt die

Differenz 10, und auf Intervallskalenniveau bedeutet das, dass beide Differenzen inhaltlich identisch sind. Mit Daten, die auf Intervallskalenniveau gemessen wurden, kann man deshalb auch mathematische Berechnungen anstellen, die über einfache größer-kleiner Beziehungen hinausgehen. Man kann hier addieren und subtrahieren: wenn man den IQ von Person 1 vom IQ der Person 2 abzieht, dann erhält man die Differenz von 10, die Auskunft über den absoluten Intelligenzunterschied gibt. Eine solche Berechnung lässt sich mit Daten auf Ordinalskalenniveau nicht anstellen. Wenn Ränge addiert oder subtrahiert werden, dann erhält man kein inhaltlich interpretierbares Ergebnis, weil man nicht weiß, welche konkreten Zahlenwerte sich hinter den Rängen verbergen. Abbildung 2.2 verdeutlicht dieses Problem noch einmal.

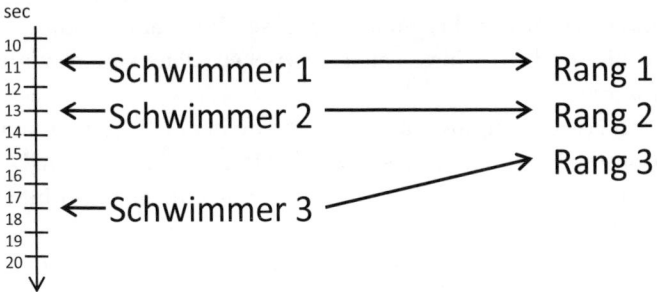

Abbildung 2.2:   Rangvergabe nach den Zeiten für drei Schwimmer auf 50 Meter

Wenn wir unsere Daten auf Intervallskalenniveau gemessen haben, können wir also schon interessante Berechnungen mit ihnen anstellen, wie beispielsweise die Berechnung von Mittelwerten (siehe Kapitel 3.3). Mittelwerte sind nur auf Intervallskalenniveau sinnvoll interpretierbar. Und wir wissen jetzt auch, dass wir mit solchen Daten etwas über die Gleichheit oder Ungleichheit von Differenzen sagen können. Was wir jedoch noch nicht können, ist eine Aussage darüber treffen, in welchem *Verhältnis* zwei Messwerte stehen. Ein Verhältnis geht über die bloße Differenz zweier Messwerte hinaus, es beschreibt vielmehr die relative Lage dieser Messwerte in Bezug auf den Nullpunkt der Skala. Gehen wir noch einmal zu unserem Beispiel mit dem Intelligenztest zurück. Wenn zwei Personen einen IQ von 80 und 160 haben, dann wissen wir zwar, dass sie sich mit einer Differenz von 80 IQ-Punkten unterscheiden, wir können aber nicht sagen, dass die zweite Person „doppelt so intelligent" ist wie die erste. Eine solche Aussage ist deshalb nicht möglich, weil die Intelligenzskala keinen natürlichen Nullpunkt hat. Genauer gesagt, kann niemand einen IQ von Null haben. Wie schon erwähnt, wurde die Intelligenzskala relativ willkürlich festgelegt, ihr Mittelwert liegt bei 100 und die im Test geringsten möglichen IQ-Werte liegen bei etwa 30 bis 40 Punkten. Wenn ein solcher Nullpunkt fehlt oder er mehr oder weniger willkürlich auf einen bestimmten Wert festgelegt wurde, sind also keine sinnvollen Aussagen über Verhältnisse zwischen Messwerten möglich. Bei Skalen, die einen solchen natürlichen Nullpunkt besitzen, kann man die Verhältnisse von Messwerten angeben. Beispiele für solche *Verhältnisskalen* sind Temperatur (auf der Kelvin-Skala), Körpergröße, Alter, Umsatz usw. Hier kann man also Aussagen über die Gleichheit oder Ungleichheit von Verhältnissen machen. Beispielsweise macht ein Unternehmen mit einer Million Euro doppelt soviel Umsatz wie ein Unternehmen mit einer halben Million Euro. Gleichermaßen würde eine Person mit 3 Stunden Fernsehkonsum pro Tag dreimal so lang fernsehen wie eine Person mit einer Stunde Fernsehkonsum. Wir können hier also Verhältnisse wie 1:2 oder 1:3 angeben.

Da man mit den verschiedenen Skalen, die wir kennengelernt haben, Messungen auf unterschiedlichen Niveaus machen kann, spricht man auch oft vom *Messniveau* einer Skala oder vom Messniveau der Daten. Man unterscheidet hier entsprechend nominales Messniveau (für Daten von Nominalskalen), ordinales Messniveau (für Daten von Ordinalskalen) und metrisches Messniveau (für Daten von Intervall- und Verhältnisskalen). Der Begriff „metrisch" deutet dabei an, dass Daten mindestens auf Intervallskalenniveau gemessen wurden und daher schon die gebräuchlichsten Berechnungen mit ihnen durchgeführt werden können. Manchmal spricht man auch einfach von *Intervalldaten* oder benutzt synonym den Begriff *metrische Daten*, sobald Intervallskalenniveau erreicht ist. In Tabelle 2.2 sind die Skalenarten und Skaleneigenschaften noch einmal zusammengefasst.

Tabelle 2.2:   Skalenarten und ihre Eigenschaften

Skalenart	Mess-niveau	Mögliche Aussagen	Rechen-operationen	Beispiele
Nominalskala	nominal	Gleichheit oder Un-gleichheit	= / ≠	Familienstand, Wohnort
Ordinalskala	ordinal	größer-kleiner Relationen	< />	Ranking von Hochschulen, Tabellenplatz im Sport
Intervallskala	metrisch	Gleichheit oder Un-gleichheit von Differenzen	+ / -	Intelligenz-quotient, Feind-seligkeit gegenüber Ausländern
Verhältnisskala		Gleichheit oder Un-gleichheit von Verhältnissen	: / ·	Länge, Gewicht, Alter

In der Forschung ist man nun immer bestrebt, Daten auf einem möglichst hohen Messniveau zu erheben. Dabei wird in den meisten Fällen mindestens Intervallskalenniveau angestrebt. Den Grund dafür haben wir nun schon mehrfach angedeutet: erst auf Intervallskalenniveau werden viele statistische Kennwerte (wie z.B. Mittelwerte) überhaupt berechenbar oder interpretierbar. Damit sind auch erst Daten auf diesem Messniveau für die statistischen Auswertungen geeignet, die wir noch kennenlernen werden. Außerdem können Daten im Nachhinein von einem höheren auf ein niedrigeres Messniveau transformiert werden, was umgekehrt jedoch nicht funktioniert.

Ratingskalen

In der psychologischen Forschung versucht man meist, Intervallskalenniveau durch die Konstruktion geeigneter Fragebögen zu erreichen. Diese Fragebögen enthalten Fragen, deren Antwortmöglichkeiten auf Intervallskalen erfasst werden können. Solche Skalen, auf denen ein Befragter eine Antwort (ein sogenanntes Rating) abgeben muss, werden *Ratingskalen* genannt.

Ratingskalen verwendet man, um Urteile über einen bestimmten Gegenstand zu erfragen. Es wird ein Merkmalskontinuum vorgegeben, auf dem der Befragte die Merkmalsausprägung markiert, die seine subjektive Empfindung am besten wiedergibt.

„Gegenstand" eines solchen Urteils kann die eigene Person sein (z.b. wenn man seinen eigenen Charakter einschätzen soll), eine oder mehrere andere Personen (z.b. Ausländer) oder ein abstraktes Einstellungsobjekt (z.b. die Einstellung gegenüber Umweltschutz). Ratingskalen können ganz verschieden gestaltet sein, und jede dieser Gestaltungsmöglichkeiten kann Vorteile und Nachteile haben. Typische Ratingskalen sehen meist so aus wie in Abbildung 2.3. Diese Skala hat zehn Stufen, also zehn Antwortmöglichkeiten, zwischen denen der Befragte wählen kann. Um mit Hilfe von Ratingskalen tatsächlich intervallskalierte Daten zu erhalten, empfiehlt es sich die Unterteilung der Skala nicht zu grob zu gestalten. Hat die Skala nur vier Stufen, ist die inhaltliche Differenzierung des erfragten Sachverhaltes eingeschränkt. Mit anderen Worten: Personen mit unterschiedlichen aber doch ähnlichen Einstellungen müssen alle denselben Skalenwert ankreuzen, während sie bei einer feineren Skalierung eventuell verschiedene Skalenwerte angekreuzt hätten. Es macht daher mehr Sinn, eine Skala mit beispielsweise zehn Skalenwerten zu konstruieren. Voraussetzung für das Erlangen intervallskalierter Daten ist aber stets, dass das Phänomen, welches man messen möchte, eine solche Quantifizierung zulässt.

„Vorlesungen zu Methodenlehre und Statistik besuche ich gern."

stimme überhaupt
nicht zu

stimme voll und
ganz zu

Abbildung 2.3:   Eine typische Ratingskala

2.4 Testen

In den vorangegangenen Abschnitten haben wir das Prinzip des Messens in der Psychologie ausführlich beleuchtet. Vor allem haben wir ein häufig verwendetes Messinstrument, die Ratingskala, kennengelernt. Nun ist es aber selten der Fall, dass man einer Person nur eine einzige Frage stellt oder ihr nur eine einzige Ratingskala vorlegt. In der Regel hat man eine ganze Sammlung von Fragen, auf die eine Person antworten soll. Wenn sich diese Fragen ausschließlich auf die Person selbst beziehen – wenn also die Person selbst den Untersuchungsgegenstand darstellt – dann spricht man bei einer solchen Zusammenstellung von Fragen von einem *Test*.

Ein Test ist ein Verfahren zur Untersuchung von Merkmalen einer Person. Diese Merkmale sollen empirisch abgrenzbar sein, das heißt, die individuelle Merkmalsausprägung soll möglichst quantitativ erfasst werden.

Merkmale einer Person können dabei alle denkbaren Eigenschaften oder Urteile sein, die eine Person auszeichnen, also neben Alter und Geschlecht z.B. Merkmale wie Intelligenz, Einfühlungsvermögen, Konzentrationsfähigkeit, Empathiefähigkeit, Offenheit, Musikgeschmack usw.

Jeder Test besteht aus sogenannten *Items*. Items sind nichts anderes als Fragen oder Aufgaben, die eine Person „lösen" muss. „Lösen" ist ein etwas verwirrender Begriff, denn ein Item kann auch einfach eine Frage sein, die nach der Meinung der Person oder ihren Eigenschaften fragt. Wenn man also nach dem Alter fragt, dann ist diese Frage ein Item und muss „gelöst" werden, auch wenn es weder um Wissen noch um Können geht. Da sich die bereits besprochenen Ratingskalen auf alle möglichen Merkmale, Urteile oder Eigenschaften beziehen können, ist damit auch jede Frage, die man mit einer Ratingskala erfragt, ein Item. Ein Test besteht also aus einer Sammlung von Items (Testitems). Die Begriffe Aufgabe, Frage und Item können also synonym verwendet werden, wobei der Begriff Item am häufigsten vorkommt.

Items sind Fragen oder Aufgaben, die „gelöst" werden müssen. Tests bestehen aus einer Zusammenstellung von Items.

2.5 Stichproben

Die Psychologie strebt in der Regel nach Erkenntnissen, die auf größere Personengruppen anwendbar sind. Zum Beispiel sucht man nach Möglichkeiten zur optimalen Förderung von Kindern im Vorschulalter oder nach einer Erklärung, warum Menschen depressiv werden. In beiden Fällen bezieht sich die Fragestellung auf sehr große Personengruppen, z.B. alle in Deutschland lebenden Kinder im Alter von 4-6 Jahren. Diese große Gruppe, nach der in einer Untersuchung gefragt wird, wird *Population* genannt.

Von praktischer Seite betrachtet wird jedem schnell einleuchten, dass man in einer kleinen psychologischen Untersuchung nicht alle Vorschulkinder der Bundesrepublik untersuchen kann, sondern sich auf einen Auszug beschränken muss. Diesen Auszug bezeichnet man als *Stichprobe*. Obwohl man in der Psychologie immer nur mit (teilweise sehr kleinen) Auszügen aus einer Population arbeitet, hegt man doch den Wunsch, die Ergebnisse aus der Stichprobe auf die gesamte Population zu verallgemeinern (man sagt auch: zu *generalisieren*).

Das ist ein großer Anspruch. Offensichtlich kann eine solche Generalisierung von Ergebnissen von einer Stichprobe auf eine Population nur dann sinnvoll gelingen, wenn die Personen in der Stichprobe in all ihren Eigenschaften den Personen entsprechen, die die Population ausmachen. Das heißt, die Personen in der Stichprobe sollten möglichst *repräsentativ* für die Population sein. Überspitzt formuliert würde es kaum Sinn machen, eine Fragestellung nur an Frauen zu untersuchen und anschließend das gefundene Ergebnis auf Männer zu verallgemeinern. Schließlich hätte die Studie bei Männern zu völlig anderen Ergebnissen führen können. Sind Stichproben kein repräsentatives Abbild der Population, so können wir unsere Ergebnisse nicht sinnvoll verallgemeinern. Stattdessen würden unsere Ergebnisse immer nur auf die „Art" von Personen zutreffen, die auch in der Stichprobe waren. Führen wir etwa eine Befragung per Post durch, bekommen wir meist nicht von allen angeschriebenen Personen eine Antwort. Es besteht also das Risiko, dass nur ganz bestimmte Personen auf die Umfrage antworten. Wenn z.B. nur extravertierte Personen antworten (weil sich introvertierte nicht trauen), dann hätten wir keine repräsentative, sondern eine sogenannte *selektive* Stichprobe vorliegen und könnten ein gefundenes Ergebnis streng genommen nur auf die Population von extravertierten

Personen verallgemeinern. Die Gefahr, selektive Stichproben zu ziehen, besteht immer. Machen Sie sich deutlich, dass die Mehrzahl der Forschungsergebnisse in der Psychologie an Psychologiestudierenden gewonnen wurde und damit eigentlich gar nicht auf die Gesamtbevölkerung verallgemeinerbar ist! Wenn die Repräsentativität von Stichproben so wichtig ist, was können wir dann tun, um solche Stichproben zu bekommen? Die Antwort ist verblüffend einfach: wir ziehen die Leute für die Stichprobe *zufällig* aus der Population. Bei einer zufälligen Ziehung von Personen aus einer Population kommt uns der Zufall – siehe auch Abschnitt 2.7 – dadurch zu Hilfe, dass er alle möglichen Unterschiede, die zwischen Personen bestehen können, zu gleichen Anteilen auch in unsere Stichprobe einbringt. Betrachten wir das Prinzip der Zufallsstichproben an Abbildung 2.4.

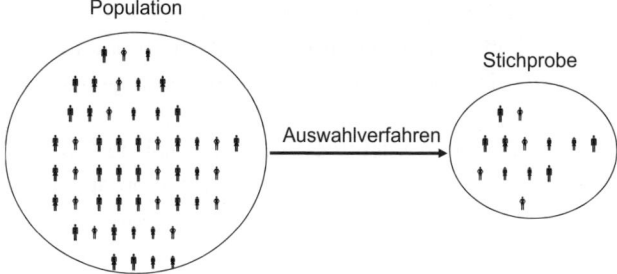

Abbildung 2.4: Ziehen einer Stichprobe aus einer Population

Das Auswahlverfahren besteht im Ziehen einer Zufallsstichprobe. Ein einfaches Beispiel ist das Geschlecht. In der Population gibt es etwa gleich viele Männer wie Frauen. Der Zufall sollte dafür sorgen, dass in der Stichprobe der Anteil von Frauen und Männern ebenfalls 50:50 ist. Genauso verhält es sich mit allen anderen Merkmalen. So werden z.B. unterschiedlich intelligente Menschen, Menschen unterschiedlichen Alters, ledige und verheiratete Menschen, Gesunde und Kranke, Extravertierte und Introvertierte usw. in demselben Verhältnis in unserer Stichprobe auftauchen, wie sie auch in der Population vorliegen.

Wenn wir also sichergehen wollten, dass in einer Studie mit Schulkindern diese tatsächlich repräsentativ sind für die Population aller Schulkinder, könnten wir nicht einfach in eine Schulklasse gehen, sondern müssten von allen deutschen Schülern eine zufällige Stichprobe ziehen. Sie sehen, dass das Ziehen von Zufallsstichproben mit ziemlich viel Aufwand verbunden sein kann. Daher wird vor allem in der Grundlagenforschung oft auf Zufallsstichproben verzichtet. Bei sehr anwendungsorientierten Studien sind Zufallsstichproben aber in der Regel unerlässlich, um verallgemeinerbare Ergebnisse zu erzielen. Ein häufig zitiertes Beispiel sind Wahlumfragen, bei denen man durch die Befragung einer kleinen Stichprobe eine Hochrechnung des Anteiles von Wählern verschiedener Parteien erhalten möchte. Hierbei ist das Verwenden einer Zufallsstichprobe so einfach wie effektiv. Die Population besteht hier aus den Stimmberechtigten einer ganzen Nation. Repräsentative Stichproben werden dabei durch eine Zufallsauswahl aus allen deutschen Haushalten gezogen. Oder aber, das Umfrageunternehmen stellt sich selbst einen repräsentativen Pool von Personen zusammen, deren in einer Datenbank registrierte Merkmale in der Stichprobe so verteilt werden, dass sie auch der Verteilung in der Population entsprechen. Bei einer so sorgfältig gezogenen repräsentativen Stichprobe ist es möglich, durch eine Umfrage an nur 2000 Personen eine ziemlich exakte Hochrechnung des Wahlergebnisses für über 60 Millionen Wahlberechtigte zu erhalten!

In der Psychologie ist es die Regel, dass man mit eher kleinen Stichproben arbeitet, teilweise mit 20-100 Versuchsteilnehmern. Damit läuft man Gefahr, dass ein Effekt, den wir in unserer Stichprobe gefunden haben, eventuell nur durch Zufall zustande kam. Das heißt, der Effekt könnte für unsere Stichprobe gelten, nicht aber für die Population. Um zu prüfen, wie gut wir aufgrund von Stichproben in der Lage sind, einen Effekt in der Population zu schätzen, brauchen wir statistische Methoden, die unter dem Begriff *Inferenzstatistik* zusammengefasst werden. Diese werden im Band „Statistik II" (Schäfer, in Vorbereitung) genauer erläutert. Sie können also schon im Hinterkopf behalten, dass die Inferenzstatistik die Verallgemeinerbarkeit von Ergebnissen aus Studien auf die Population prüft. Die deskriptive und die explorative Datenanalyse in diesem Band beziehen sich vor allem auf die Beschreibung und Analyse von Stichprobendaten, in die noch keine Überlegungen zur Generalisierbarkeit eingeflossen sind.

2.6 Befragen und Beobachten

Die Kenntnisse zum Messen und Testen aus den vorangegangenen Abschnitten sind die Grundlage für die konkreten Methoden, mit denen man Daten erheben kann. Diesen Methoden – Befragen, Beobachten und Experiment – wollen wir uns jetzt zuwenden. Allen drei Methoden liegt die Idee des Messens zugrunde, und meist werden Fragebögen oder Tests verwendet. Während sich also Messen und Testen eher auf den theoretischen Aspekt der Datenerhebung beziehen, geht es beim Befragen, Beobachten und Experimentieren um die praktische Durchführung und um den Kontext, in dem die Datenerhebung stattfindet. Dem Experiment werden wir uns etwas ausführlicher zuwenden, da die Prinzipien beim Experimentieren einen unmittelbaren Einfluss auf die spätere statistische Auswertung der Daten haben.

Befragen

Wenn es um die Untersuchung von Sachverhalten geht, die man einfach erfragen kann – wie die Erfassung von Einstellungen, Gewohnheiten, Persönlichkeitsmerkmalen usw. – dann ist die Befragung die entsprechende Methode der Datenerhebung. Befragungen kann man auf vielfältige Art und Weise gestalten und durchführen. Das Spektrum reicht vom Einholen einfacher Informationen (z.B. eine Befragung, wie gern jemand ein bestimmtes Produkt mag oder wie viel Geld er dafür bezahlen würde) bis hin zu formalen Befragungssituationen, in denen man konkrete Tests einsetzt, von denen wir oben gesprochen hatten.

Befragungen können mündlich oder schriftlich durchgeführt werden. Die mündliche Befragung hat in aller Regel die Form eines Interviews, bei der ein Interviewer entweder eine Person (Einzelinterview) oder gleich mehrere Personen (Gruppeninterview) befragt. Eine typische praktische Anwendung von Interviews sind Bewerbungssituationen. In der Forschung dagegen werden Interviews nur dort angewendet, wo man über ein bestimmtes Themengebiet noch wenig oder gar nichts weiß. In diesem Fall werden Interviews genutzt, um von den Befragten interessante Ideen zu bekommen oder auf Aspekte zu stoßen, auf die man selbst nicht gekommen wäre. Sie können damit ein Hilfsmittel zur Generierung von Hypothesen oder Theorien sein.

Wenn allerdings die Fragen bzw. Aufgaben, die man untersuchen möchte, bereits feststehen – und das ist wie gesagt in der Forschung der häufigste Fall – so kann man auf die zeitintensive Durchführung von Interviews verzichten und statt dessen eine schriftliche Befragung einsetzen. Der Vorteil bei schriftlichen Befragungen ist, dass kein Interviewer anwesend sein muss und die Befragung daher an vielen Personen gleichzeitig und beispielsweise auch per Post oder im Internet durchgeführt werden kann. Ein Nachteil bei Befragungen per Post ist allerdings die sogenannte Rücklaufquote, also der Anteil von ausgefüllten Fragebögen, die der Forscher tatsächlich zurückerhält. Die Rücklaufquote ist meist eher gering (manchmal nur 30%), und man weiß dann nicht, ob diejenigen Personen, die geantwortet haben, dies aus einem bestimmten Grund getan haben. Das heißt, man kann sich dann nicht mehr sicher sein, dass man mit den zurückerhaltenen Fragebögen eine repräsentative Stichprobe vorliegen hat.

Befragungen können mehr oder weniger *standardisiert* sein. Das bedeutet, dass die Durchführung entweder konkret festgelegt ist und beispielsweise die gestellten Fragen schon feststehen oder völlig offen ist und der Befragten im Prinzip frei assoziieren und berichten kann, was ihm zu einem bestimmten Thema einfällt. Wenig standardisierte Befragungen führen meist zu größeren Datenmengen (also längeren Texten) und einer Vielzahl unterschiedlichster Aussagen. Sie sind daher schwerer auszuwerten als stärker standardisierte Befragungen, bei denen sich die meisten Aussagen auf die konkreten, vorher festgelegten Fragen des Forschers beziehen.

Beobachten

Nicht immer ist es sinnvoll, zur Erhebung von Daten die entsprechenden Personen zu fragen, z.B. wenn es um Verhaltensweisen geht, die in einer konkreten Situation auftreten. Beispielsweise könnte ein Verkaufsleiter den Umgang einer Verkäuferin mit ihren Kunden unter die Lupe nehmen wollen. In einem solchen Fall wäre eine Befragung eher unzweckmäßig. Eine bessere Möglichkeit ist die Beobachtung von konkreten Situationen (also z.B. einer Verkaufssituation). Der Beobachter kann das Verhalten der beobachteten Person bzw. Personen nach relevanten Verhaltensweisen, Äußerungen, nonverbalen Gesten usw. untersuchen, um Antworten auf bestimmte Fragen zu erhalten (z.B. ob sich die Verkäuferin freundlich gegenüber dem Kunden verhält).

Wenn es um eine komplexe Beobachtungssituation (mit vielen Fragestellungen oder mit vielen zu beobachtenden Personen) geht, ist es immer sinnvoll die Beobachtung auf Video aufzuzeichnen. Die Auswertung von Beobachtungen, egal ob live oder per Videomaterial, gestaltet sich dabei ähnlich schwierig wie die Auswertung unstandardisierter Interviews. Der Beobachter muss das relevante Verhalten identifizieren, kategorisieren und versuchen, die für ihn entscheidenden Informationen zu extrahieren. Und oft ist gar nicht so klar, was genau eigentlich der Gegenstand der Beobachtung ist. Soll untersucht werden, was jemand sagt, wie viel und wie er es sagt, wie er dabei Blickkontakt mit seinem Gegenüber hält, welche Gesten er macht, welche Körperhaltung er einnimmt, oder gar alles zusammen? Es empfiehlt sich daher immer, das Ziel der Beobachtung vorher genau festzulegen und die Beobachtung genauestens zu protokollieren. Eine Videoaufzeichnung bietet sich auch dann an, wenn ein einzelner Beobachter mit einer live-Situation leicht überfordert sein könnte.

Beobachtungen können wiederum ganz unterschiedlich gestaltet sein. Der Beobachter kann Teil der beobachteten Gruppe sein (*teilnehmende* Beobachtung) oder außerhalb des Geschehens stehen (*nicht-teilnehmende* Beobachtung). Die Beobachteten können von der Befragung wissen (*offene* Beobachtung) oder sie werden nicht darüber informiert, dass es eine Beobachtung gibt (*verdeckte* Beobachtung). Und nicht zuletzt ist neben *Fremdbeobachtungen*, bei denen eine außenstehende Person andere Menschen beobachtet, die *Selbstbeobachtung* der eigenen Person möglich.

2.7 Das Experiment

Bei Beobachtungen und Befragungen ist ein wesentlicher Punkt im Verborgenen geblieben, der aber für psychologische Untersuchungen von zentraler Bedeutung ist: die Kausalität. Psychologen fragen oft nach den Ursachen für menschliches Verhalten und Erleben. Diese sind aber oft viel schwerer zu ermitteln, als man auf den ersten Blick meinen könnte. Der einzige Weg, um kausale Aussagen über Ursachen und Wirkungen treffen zu können, ist die Durchführung eines Experiments. Sehen wir uns an, worin genau das Problem mit der Kausalität besteht, und wenden uns dann dem Grundgedanken des Experiments zu.

Kausalität

Nehmen wir an, wir hätten beobachtet, dass Schüler mit guter Laune bessere Klausuren schreiben als schlechtgelaunte Schüler. Diese Beobachtung mag uns interessant erscheinen, aber was verbirgt sich eigentlich hinter ihr? Auf den ersten Blick würden wir wahrscheinlich sagen: Ist doch klar, gute Laune verbessert die Prüfungsleistungen, z.b. weil man sich bei besserer Laune mehr zutraut oder weil man konzentrierter ist. Das Problem bei dieser Interpretation ist aber, dass wir schlichtweg nicht wissen, ob sie stimmt. Es gibt nämlich auch andere Interpretationsmöglichkeiten, die auf Basis der vorliegenden Beobachtung möglich sind. Um genau zu sein, gibt es in jedem Fall drei mögliche Interpretationen, wenn zwei Variablen – so wie in unserem Beispiel – einen Zusammenhang aufweisen (siehe Abbildung 2.5).

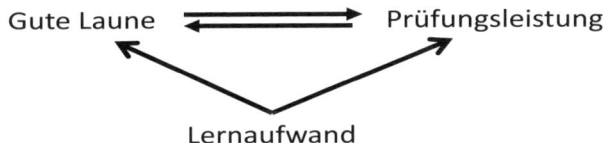

Abbildung 2.5:   Beispiel für Zusammenhänge von Variablen

Die erste Möglichkeit hatten wir bereits formuliert: gute Laune könnte die Ursache für bessere Prüfungsleistungen sein. Die zweite Möglichkeit geht in die entgegengesetzte Richtung: Schüler, die generell bessere Noten haben, könnten deswegen generell auch eher gute Laune haben. Und schließlich gibt es noch eine dritte Möglichkeit: es könnte eine dritte Variable geben, die den Zusammenhang von guter Laune und Prüfungsleistung hervorgerufen hat. In unserem Beispiel könnte dies die Variable Lernaufwand sein. Schüler, die einen größeren Lernaufwand betreiben, könnten sich durch diese Anstrengung besser fühlen, und gleichzeitig würde der höhere Lernaufwand zu besseren Prüfungsleistungen führen. Gute Laune und Prüfungsleistungen hätten dann überhaupt keine direkte Verbindung – sie wären *kausal unabhängig* voneinander.

> Kausalität beschreibt die Ursache-Wirkungs-Beziehung zweier Ereignisse oder Variablen. Dafür ist ein zeitliches Nacheinander von Ursache und Wirkung eine unverzichtbare Voraussetzung.

Es kann natürlich Beobachtungen geben, bei denen die Richtung der Kausalität klar ist. So ist die Straße nass (Wirkung), weil es vorher geregnet hat (Ursache) und nicht umgekehrt. Höheres Alter ist die Ursache für mehr Erfahrungswissen. Aus diesen Beispielen können wir die allgemeinen Kriterien ableiten, die für Kausalität erfüllt sein müssen: A verursacht B kausal, wenn (1) A zeitlich *vor* B auftritt, (2) A und B „kovariieren" (eine Veränderung von A mit einer Veränderung von B einhergeht) und (3) der Einfluss von Drittvariablen ausgeschlossen werden kann.

Diese Kriterien klingen vielleicht ziemlich theoretisch, sie sind aber praktisch sehr einleuchtend. Nehmen wir an, in unserem Beispiel ist Möglichkeit 1 die zutreffende (gute Laune verursacht bessere Prüfungsleistungen). Diese Aussage können wir nur mit Sicherheit machen, wenn (1) die gute Laune vor der Prüfung da war, (2) gute Laune zu guten und schlechte Laune zu schlechteren Prüfungsleistungen führt und (3) und es keine Drittvariablen gibt, die den Zusammenhang erklären könnten.

In den meisten Fällen wissen wir all diese Dinge nicht und können daher durch die bloße Beobachtung von Variablen noch nichts über ihre Kausalität sagen. Wie in jeder Wissenschaft ist es aber auch in der Psychologie das höchste Ziel, Kausalaussagen über den Zusammenhang von Variablen zu treffen. Noch genauer: meist sind wir an den Ursachen von bestimmten Variablen interessiert. Wie aber können wir es methodisch anstellen, etwas über die Kausalitätsrichtung zu erfahren? Hier kommt eine einfache wie geniale Methode ins Spiel: das Experiment.

Die Idee des Experiments

Machen wir zunächst ein Gedankenexperiment (im wahrsten Sinne des Wortes). Stellen Sie sich vor, Sie sind ein Forscher, der den Zusammenhang der Variablen in unserem Beispiel untersuchen möchte. Sie haben die Hypothese, dass gute Laune die Ursache für bessere Prüfungsleistungen ist. Wie könnten Sie vorgehen? Sagen wir, Sie haben 20 Schüler einer Schulklasse zur

Verfügung, mit denen Sie einen Test schreiben können. Laut unserer Definition von Kausalität müssen Sie zuerst sicherstellen, dass die gute Laune *vor* der Prüfungssituation auftritt. Das könnten Sie tun, indem Sie über einen Fragebogen bei jedem Schüler seine aktuelle Laune ermitteln, bevor Sie den Test schreiben. Zweitens sollten Schüler mit besserer Laune bessere Testergebnisse haben und Schüler mit schlechterer Laune schlechtere Ergebnisse (*Kovariation*). Hier kommt eine zentrale Idee des Experimentes ins Spiel: Sie müssen die Laune in irgendeiner Art und Weise *variieren*, um dieses Kriterium zu prüfen. Wenn Sie Glück haben, gibt es in der Klasse bereits Schüler mit guter und Schüler mit schlechter Laune. Wenn Sie Pech haben, sind alle Schüler schlecht gelaunt. Sie müssen daher bei einem Teil der Schüler dafür sorgen, dass sie bessere Laune haben. Das könnten Sie tun, indem Sie diesen Schülern einen kurzen lustigen Film zeigen. Danach müssten Sie mithilfe des Fragebogens prüfen, ob diese Manipulation geklappt hat und ein Teil der Schüler jetzt wirklich besser gelaunt ist. Sie können nun prüfen, ob die gutgelaunten Schüler tatsächlich bessere Noten im Test erreichen. Ist das der Fall, besteht Ihre letzte Aufgabe im *Ausschließen von Alternativerklärungen*. Sie müssen zeigen, dass der Zusammenhang zwischen guter Laune und Testergebnis nicht durch eine andere Variable hervorgerufen wurde. Dafür müssen Sie sich überlegen, welche Variablen hier in Frage kommen. Oben hatten wir gesagt, dass beispielsweise der Lernaufwand vor dem Test sowohl gute Laune als auch bessere Prüfungsleistungen bewirken könnte. Wie könnten Sie das prüfen? Anders ausgedrückt: wie könnten Sie den Einfluss des Lernaufwandes „ausschalten"? Zunächst müssen Sie den Lernaufwand jedes Schülers erfassen. Das könnten Sie wieder mit einem Fragebogen tun. Was aber, wenn alle Schüler, die von guter Laune berichten, auch mehr gelernt haben? Dann stehen Sie vor einem Problem und kommen nicht weiter. Sie müssten stattdessen dafür sorgen, dass Schüler mit verschieden großem Lernaufwand sowohl in der Gruppe von gutgelaunten als auch in der Gruppe von schlechtgelaunten Schülern vorkommen. Wenn sich die Gruppen dann immer noch in ihrem Testergebnis unterscheiden, dann wissen Sie, dass das nicht mehr am Lernaufwand liegen kann, da der jetzt in beiden Gruppen gleich ist – man sagt, er ist *konstant gehalten*. Um das zu bewerkstelligen, könnten Sie nun eine Art Trick anwenden und sich der Methode von oben bedienen: Sie teilen die Klasse zuerst in zwei Hälften, in denen sich jeweils Schüler mit durchschnittlich gleich hohem Lernaufwand befinden. Dann hätten Sie in diesen beiden Gruppen den Lernaufwand konstant gehalten. Und nun der „Trick": da Sie in der einen Gruppe ja Schüler mit guter und in der anderen Gruppe Schüler mit schlechter Laune haben wollten, müssen Sie mit Hilfe des lustigen Filmes gute Laune in der einen Hälfte hervorrufen. Da sich in der anderen (der schlechtgelaunten) Gruppe eventuell auch ein paar Leute mit guter Laune befinden werden, können Sie die gleiche Methode anwenden und mit Hilfe eines unangenehmen oder langweiligen Filmes alle Schüler dieser Gruppe in schlechte Laune versetzen. Nun schreiben Sie den Test. Wenn die gutgelaunten Schüler bessere Leistungen erzielen als die schlechtgelaunten, können Sie nun mit großer Sicherheit sagen, dass die gute Laune tatsächlich die Ursache für den Prüfungserfolg war. Sie haben ein echtes Experiment durchgeführt.

An diesem einfachen Beispiel haben wir gesehen, welche Grundidee dem Experiment zugrunde liegt.

Experimente sind künstliche Eingriffe in die natürliche Welt mit dem Ziel systematische Veränderungen in einer unabhängigen Variable (UV) hervorzurufen, die ursächlich zu einer Veränderung in einer abhängigen Variable (AV) führen. Alternativverklärungen werden dabei ausgeschlossen.

An dieser Definition wird der Unterschied zwischen Beobachtungen und Befragungen auf der einen Seite und Experimenten auf der anderen Seite deutlich: Experimente begnügen sich nicht mit dem Gegebenen, sondern sie stellen sozusagen eine bestimmte „Wirklichkeit" gezielt und künstlich her. In unserem Gedankenexperiment haben Sie z.B. gute und schlechte Laune durch einen Eingriff (den Film) einfach hergestellt oder induziert. Das Entscheidende dabei ist, dass die Variable, die uns als potenzielle Ursache einer anderen Variable interessiert, *systematisch variiert* wird. Wenn sie wirklich die Ursache der anderen Variable ist, muss diese systematische Variation zu einer Veränderung in dieser Variable führen. Diese Art von Kausalitätsprüfung ist beim Beobachten und Befragen nicht möglich. Das Experiment wird daher oft als „Königsweg" der Datenerhebung bezeichnet. Wenn es um das Aufdecken von Ursache-Wirkungs-Beziehungen geht, ist das Experiment meist die einzige Möglichkeit.

Das Experiment hat aber noch einen anderen großen Vorteil. Beim Experimentieren können wir sämtliche Bedingungen, die das Experiment stören könnten, selbst ausschalten oder kontrollieren. Man spricht dabei auch vom Ausschalten oder Kontrollieren von *Störvariablen*, denen wir uns jetzt zuwenden wollen.

Störvariablen

In unserem Gedankenexperiment hatten wir versucht, die Alternativerklärung – dass der Lernaufwand ebenfalls eine Ursache für unterschiedliche Prüfungsleistungen sein kann – auszuschließen. Das mussten wir deswegen tun, weil wir sonst nicht zweifelsfrei hätten behaupten können, dass gute Laune die kausale Ursache für bessere Prüfungsleistung ist. Wir mussten also sicherstellen, dass die Beziehung zwischen den beiden Variablen nicht durch eine dritte Variable (den Lernaufwand) *gestört* wird.

Störvariablen sind Merkmale der Person oder der Situation, die eventuell ebenfalls die abhängige Variable (AV) beeinflussen. Ihr Effekt soll im Experiment ausgeschaltet werden, weil sie den Effekt der unabhängigen Variable (UV) stören könnten. Man spricht dabei auch von *experimenteller Kontrolle* von Störvariablen.

Konstanthalten und Parallelisieren

Wir hatten versucht, diesen störenden Effekt dadurch auszuschalten, dass wir verschieden hohen Lernaufwand gleichmäßig auf die beiden Gruppen aufgeteilt haben, in denen wir später gute bzw. schlechte Laune induziert hatten. Dieses *Konstanthalten*, wie wir es genannt hatten, sorgt dafür, dass sich die Gruppen hinsichtlich des Merkmals Lernaufwand nicht mehr unterscheiden. Folglich kann unterschiedlich hoher Lernaufwand nicht mehr die Ursache für unterschiedliche Prüfungsleistungen zwischen unseren beiden Gruppen sein. Da man die unterschiedlichen Ausprägungen der Störvariable sozusagen parallel auf die beiden Gruppen aufgeteilt hat, spricht man anstelle vom Konstanthalten der Störvariablen auch oft vom *Parallelisieren* der Gruppen hinsichtlich der Störvariablen.

Das Konstanthalten von potenziellen Störvariablen ist schon eine gute und einfache Lösung von experimenteller Kontrolle. Leider kann es aber zwei Probleme geben, die das Konstanthalten von Störvariablen unmöglich machen.

Das erste Problem tritt auf, wenn es zu viele potenzielle Störvariablen gibt. Es könnte z.B. sein, dass in unserer Schulklasse die Mädchen generell bessere Prüfungsleistungen erbringen als die Jungen. Nun könnte es passieren, dass wir fast alle Mädchen in die gute-Laune-Gruppe getan haben und die meisten Jungen in die schlechte-Laune-Gruppe, oder umgekehrt. Das würde offensichtlich dazu führen, dass unterschiedliche Prüfungsleistungen in beiden Gruppen jetzt genauso gut auf das Merkmal Geschlecht zurückgeführt werden könnten und nicht unbedingt auf unsere Manipulation (gute versus schlechte Laune). Wir müssten nun also – zusätzlich zum Lernaufwand – auch noch das Geschlecht konstanthalten, indem wir den Anteil von Jungen zu Mädchen in beiden Gruppen gleich verteilen. Eine weitere Störvariable könnte aber auch noch die Intelligenz sein. Es ist sogar sehr wahrscheinlich, dass intelligentere Schüler bessere Prüfungsleistungen erzielen. Wir müssten also das Merkmal Intelligenz ebenfalls konstanthalten. An dieser Stelle wird deutlich, dass der Aufwand der experimentellen Kontrolle schnell anwächst, wenn die Anzahl potenzieller Störvariablen steigt. Es kann sogar sein, dass es technisch unmöglich wird, all diese Störvariablen gleich auf die beiden Gruppen zu verteilen – vor allem, wenn man nur 20 Personen zur Verfügung hat (was in Experimenten häufig der Fall ist). In den meisten Fällen wird es so sein, dass es nicht nur eine potenzielle Störvariable gibt. Es gibt Merkmale, die so gut wie immer als Störvariablen betrachtet werden, da von ihnen bekannt ist, dass sie auf fast alle abhängigen Variablen einen Effekt ausüben: darunter Alter, Geschlecht und Intelligenz.

Bevor wir zu einer Lösung dieses Problems kommen, sehen wir uns noch das zweite Problem beim Konstanthalten an, das noch verzwickter ist als das erste. Bisher hatten wir überlegt, wie wir die potenziellen Störvariablen gleichmäßig auf unsere Gruppen aufteilen. Das setzt allerdings voraus, dass wir diese Störvariablen auch kennen! Bei einer Vielzahl von Fragestellungen wissen wir schlichtweg nicht, welche möglichen Störvariablen es geben könnte. Folglich sind wir auch nicht in der Lage, die Gruppen im Experiment hinsichtlich der Störvariablen zu parallelisieren.

Wie könnten wir es dennoch schaffen, dass alle potenziellen Störvariablen gleich auf die beiden Gruppen verteilt werden?

Randomisierung

Hier kommt uns eine der wichtigsten Techniken zu Hilfe, die es in der Durchführung von Studien gibt: die Randomisierung. Das englische Wort „random" bedeutet zufällig.

Bei der Randomisierung werden die Versuchspersonen zufällig den verschiedenen Versuchsbedingungen (den Gruppen des Experimentes) zugeteilt.

Die Versuchspersonen sind in unserem Beispiel die Schüler. Sie sollen nun nach dieser Definition zufällig auf die beiden Gruppen aufgeteilt werden, in denen wir später gute bzw. schlechte Laune induzieren wollen. Aber wie löst dieses Vorgehen unsere beiden Probleme? Ganz einfach: Alle potenziellen Störvariablen – und zwar auch solche, die wir gar nicht kennen – werden durch den Zufall gleichmäßig auf beide Gruppen verteilt. Konkret heißt das, dass bei einer zufälligen Zuordnung der 20 Schüler in zwei Gruppen (z.B. durch Lose) in beiden Gruppen gleich viele Schüler mit hohem und niedrigem Lernaufwand, gleich viele Jungen und Mädchen, sowie gleich viele intelligentere und weniger intelligente Schüler vorkommen. Das Gleiche passiert auch mit allen anderen Merkmalen, die wir gar nicht kennen. Wir müssen uns also gar nicht überlegen, welche Störvariablen es geben könnte, sondern wir überlassen dem Zufall die Arbeit, der für eine mehr oder weniger perfekte Parallelisierung sorgt. Natürlich werden per Zufall nicht immer *genau* gleich viele Jungen und Mädchen oder *genau* gleich viele intelligentere und weniger intelligente Schüler in die beiden Gruppen gelangen. Aber eine ungefähre Gleichverteilung reicht schon aus, um den Effekt der Störvariablen zu kontrollieren. Wichtig dabei ist, dass die Stichprobe ausreichend groß ist, denn sonst können die „ausgleichenden Kräfte des Zufalls" nicht richtig wirken (siehe Abschnitt 3.6).

Sie sollten die Technik der Randomisierung gut im Hinterkopf behalten, da sie das wichtigste Grundprinzip für das Durchführen experimenteller

Studien ist und oft auch eine Art Gütesiegel für methodisch korrekt durchgeführte Studien darstellt. In Abbildung 2.6 ist der gesamte Ablauf beim Vorgehen unseres Experimentes noch einmal dargestellt.

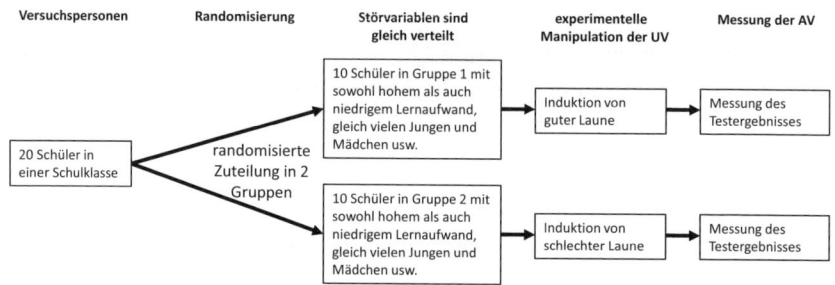

Abbildung 2.6: Überblick über das experimentelle Vorgehen für die Beispielstudie

Quasiexperimente

In unserem Schulklassen-Beispiel ist es kein Problem gewesen, zunächst zwei Gruppen von Schülern zufällig zu ziehen und danach das uns interessierende Merkmal (gute bzw. schlechte Laune) zu induzieren. Nun kann es allerdings auch Fälle geben, in denen es nicht möglich ist, das relevante Merkmal selbst zu beeinflussen. Nehmen wir an, wir wollen untersuchen, ob Menschen, die rauchen, auch mehr Geld für Alkohol ausgeben als Menschen, die nicht rauchen. In diesem Fall hätten wir als unabhängige Variable wieder zwei Gruppen, nämlich Raucher und Nichtraucher (die abhängige Variable wäre der Geldbetrag für gekauften Alkohol). Wie man aber schon sehen kann, sind wir hier nicht in der Lage, das Merkmal Raucher/Nichtraucher einfach zu induzieren. (Streng genommen könnten wir natürlich wieder per Zufall zwei Gruppen von Leuten zusammenstellen und der einen Gruppe sagen, sie soll pro Tag 10 Zigaretten rauchen, während die andere Gruppe nicht rauchen darf. Aber ein solches Vorgehen verstößt offensichtlich gegen jegliche Forschungsethik und ist ausgeschlossen.) Stattdessen müssen wir uns wohl damit begnügen, die Gruppe von Rauchern und die Gruppe von Nichtrauchern so zu nehmen, wie sie sind. Das hat aber wiederum zur Folge, dass wir nicht sicher sein können, dass es keine Störvariablen gibt, in denen sich die beiden Gruppen unterscheiden. Da wir keine Randomisierung vornehmen können, sind wir daher wieder auf das Konstanthalten möglicher Störvariablen angewiesen. Wir müssten also wieder nach potenziellen Störvariablen schauen und versuchen, jeweils Raucher und Nichtraucher zu finden, für die alle Störvariablen gleich ausgeprägt sind. Sie sehen aber schon, dass wir auf diese Weise nicht in der Lage sind, alle Störvariablen mit Sicherheit auszuschalten. Man kann daher bei solchen Untersuchungen streng genommen nicht von Experimenten sprechen, da diese das Ausschalten von Störvariablen verlangen. Deshalb werden solche Arten von Untersuchungen *Quasiexperimente* genannt – im Gegensatz zu den *echten Experimenten*, von denen wir bisher gesprochen haben.

> Echte Experimente setzen das randomisierte Aufteilen von Versuchspersonen auf die Versuchsbedingungen voraus. Ist die Gruppeneinteilung jedoch von Natur aus vorgegeben und daher keine Randomisierung möglich, spricht man von Quasiexperimenten.

In der Grundlagenforschung sind die interessierenden unabhängigen Variablen meist manipulierbar bzw. induzierbar. Je anwendungsbezogener die Fragestellungen werden, desto eher hat man es mit Variablen zu tun, die schon vorgegeben sind und die man daher nur quasiexperimentell untersuchen kann. Ein häufiges Beispiel sind Untersuchungen, bei denen Männer und Frauen verglichen werden. Auch hier ist die Gruppeneinteilung vorgegeben. Entsprechend müssen alle Störvariablen parallelisiert werden. Manchmal kann es vorkommen, dass sich Störvariablen nicht vollständig parallelisieren lassen. Wenn beispielsweise in einer Untersuchung an Männern und Frauen die Aggressivität als Störvariable berücksichtigt werden soll, kann es schwierig sein, das Aggressionslevel in beiden Gruppen gleich zu verteilen, wenn Männer im Durchschnitt aggressiver sind als Frauen. Diesen Unterschied muss man vorerst in Kauf nehmen. Es ist aber in jedem Fall sinnvoll, die Ausprägung aller möglichen Störvariablen in der Untersuchung mit zu erheben und zu dokumentieren.

Gütekriterien bei Experimenten

Wie wir gelernt haben, sind Experimente eine unverzichtbare Methode, um Kausalitäten auf den Grund zu gehen. Aus den Erläuterungen sollte aber auch hervorgegangen sein, dass beim Experimentieren immer wieder Schwierigkeiten auftreten und man viele Fehler machen kann. Die sogenannten Gütekriterien dienen der Beurteilung der Qualität eines Experiments.

Das erste Gütekriterium wird als *interne Validität* eines Experiments bezeichnet. Wir hatten gefordert, dass durch Randomisieren bzw. Parallelisieren die Effekte potenzieller Störvariablen ausgeschaltet werden und außerdem Effekte, die sich über die Zeit auf die AV auswirken können, durch Kontrollgruppen erfasst werden sollen. Wenn wir das geschafft haben, können wir sicher sein, dass ein Effekt in der AV auch tatsächlich auf die Veränderung der UV zurückgeht.

> Interne Validität liegt vor, wenn die Veränderung in der AV *eindeutig* auf die Veränderung in der UV zurückgeführt werden kann.

Wenn wir in einem intern validen Experiment einen Effekt gefunden haben, bleibt noch die Frage offen: Können wir dieses Ergebnis verallgemeinern? Das Ziel von Studien ist es immer, eine generelle Aussage über die Wirkung von Manipulationen zu treffen. Mit anderen Worten: die Ergebnisse, die anhand einer Stichprobe von Versuchsteilnehmern gewonnen wurden, sollen nicht nur für die untersuchte Stichprobe gelten, sondern auf die Allgemeinheit übertragen – man sagt auch *generalisiert* – werden. Mit Allgemeinheit ist dabei die jeweilige Gruppe von Personen gemeint, über die man eine Aussage treffen möchte (auch *Population* genannt, siehe Abschnitt 2.5). In unserem Schulklassen-Beispiel könnte die relevante Population aus allen Schülerinnen und Schülern bestehen. Wenn wir in einer Studie mit Hilfe einer repräsentativen Stichprobe ein auf die Population verallgemeinerbares Ergebnis gefunden haben, dann sprechen wir von einer *extern validen* Studie.

Externe Validität liegt vor, wenn das in einer Stichprobe gefundene Ergebnis auf andere Personen bzw. auf die Population verallgemeinerbar ist. Sie wird durch repräsentative Stichproben erreicht, die am einfachsten durch eine zufällige Ziehung der Stichprobenmitglieder zustande kommen.

📖 *Literaturempfehlung*

Huber, O. (2005). *Das psychologische Experiment: Eine Einführung* (4. Aufl.). Bern: Huber.

Der Zusammenhang der Methoden der Datenerhebung

Bevor wir dieses Kapitel abschließen, soll noch etwas zum Zusammenhang der verschiedenen Methoden der Datenerhebung gesagt werden. Sicher ist Ihnen aufgefallen, dass wir der Beschreibung des Experimentes sehr viel Raum geschenkt haben. Das hat zwei Gründe. Zum einen ist das Experiment – wie wir gesehen haben – der Königsweg der Datenerhebung. Wann immer möglich, sollte man sich für die Durchführung eines Experimentes entscheiden, weil nur mit dieser Methode das Aufdecken von kausalen Zusammenhängen möglich ist. Zum anderen *beinhaltet* das Experiment meist die anderen Methoden – Beobachtung und Befragung. Zur Messung des Effektes in Experimenten werden fast immer Tests oder Fragebögen eingesetzt. Auch kann das Verhalten der Versuchsteilnehmer durch Beobachtung erfasst werden. Und häufig werden heutzutage auch die physiologischen Reaktionen von Personen – wie Herzfrequenz, Atemfrequenz, galvanische Hautleitfähigkeit oder der zerebrale Blutfluss per Hirnscan – gemessen, während die Personen an einer Studie teilnehmen, was auch nichts anderes als eine Beobachtung darstellt.

3 Deskriptive Datenanalyse: der Mensch als Datenpunkt

3.1 Das Anliegen der deskriptiven Datenanalyse

Nach dem Durchführen einer Studie liegen Daten vor – gewonnen durch Messungen in Beobachtungen, Befragungen oder Experimenten. Diese Daten können, je nach Umfang der Studie, sehr vielschichtig und komplex sein. Der nächste große Schritt besteht nun in der statistischen Auswertung der Daten. Dieser Schritt beinhaltet drei Aufgaben: das Beschreiben und Darstellen der Daten, das Erkennen und Beschreiben von eventuellen Mustern in den Daten und schließlich das statistische Prüfen der Daten dahingehend, ob sie auf die Population verallgemeinert werden können oder nicht.

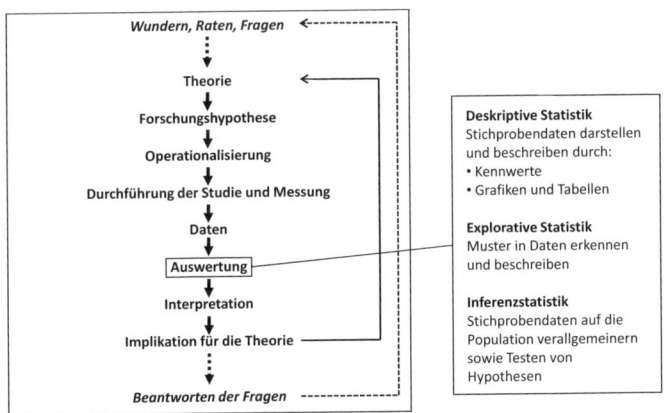

Abbildung 3.1: Aufgaben bei der statistischen Auswertung von Daten

Abbildung 3.1 veranschaulicht diese drei Aufgaben. Mit der Beschreibung (Deskription) der Daten beschäftigt sich die *deskriptive Statistik* (oder auch deskriptive Datenanalyse).

Die deskriptive Statistik vereint alle Methoden, mit denen empirische Daten zusammenfassend dargestellt und beschrieben werden können. Dazu dienen Kennwerte, Grafiken und Tabellen.

Bei vielen Fragestellungen ist die Beschreibung und Darstellung der Daten sogar die einzige Form von Auswertung, die erwünscht ist oder gebraucht wird. Das ist immer dann der Fall, wenn man entweder Befragungen an einer sehr großen, repräsentativen Stichprobe durchgeführt hat und daher keine weiteren Berechnungen anstellen muss, um die Verallgemeinerbarkeit der Daten zu prüfen. Oder aber man hat es mit einer Fragestellung zu tun, bei der die Daten gar nicht auf irgendeine Population verallgemeinert werden sollen, sondern nur für die untersuchte Gruppe relevant sind.

Ein zweiter Schritt – der über die bloße Beschreibung von Daten schon etwas hinausgeht – ist das Durchsuchen der Daten nach bestimmten Mustern oder Zusammenhängen. Auch diese *explorative* Datenanalyse kann man einsetzen, ohne Aussagen über die Verallgemeinerbarkeit von Daten machen zu wollen. Wir werden uns dieser Methode in Kapitel 4 zuwenden. Zunächst soll es um die ganz einfache Beschreibung und Darstellung der Daten gehen. Es gibt dafür mehrere Möglichkeiten, die sich nach der Art der gewonnenen Daten richten und sich unterschiedlich gut zu deren Veranschaulichung eignen: statistische Kennwerte sowie Tabellen und Grafiken. Die statistischen Kennwerte sind die grundlegendste und am häufigsten benutzte Möglichkeit zur Beschreibung von Daten. Zu ihnen gehören die Anteile und Häufigkeiten, sowie die Lagemaße und die Streuungsmaße. Schauen wir uns nun an, wie eigentlich die Daten aussehen, die wir für gewöhnlich nach dem Durchführen einer Studie vorliegen haben.

3.2 Anteile und Häufigkeiten

Das Format, in dem Daten nach einer Studie vorliegen, richtet sich nach dem Skalenniveau, auf dem sie gemessen wurden (siehe Kapitel 2.3). In jeder Studie wird man mehrere verschiedene Arten von Daten erhalten. In nahezu jeder Studie wird man das Alter und das Geschlecht der Studienteilnehmer erfragen, manchmal auch den Familienstand, die Herkunft usw. Man spricht hier von *demografischen* Daten. Neben den demografischen Daten hat man natürlich in der Studie bestimmte Merkmale gemessen, die von inhaltlichem Interesse sind. Bei Befragungen handelt es sich hierbei meist um Urteile, Meinungen oder Einstellungen. So könnte man beispielsweise erfragt haben, wie sehr eine Gruppe von Personen (z.B. Psychologie-Studierende im ersten Semester) bestimmte Musikstile mag. Jede Person muss dann für jeden Musikstil auf einer Ratingskala einen Wert ankreuzen, der ihre Meinung am besten wiedergibt (siehe Abbildung 3.2). Bei experimentellen Studien sind neben Ratings noch viele andere Arten von Daten denkbar, z.B. Reaktionszeiten, die ein PC auf der Grundlage von Mausklicks oder Tastenanschlägen errechnet, physiologische Messungen wie die Herzrate oder auch die Anzahl richtig gelöster Aufgaben in einem Test.

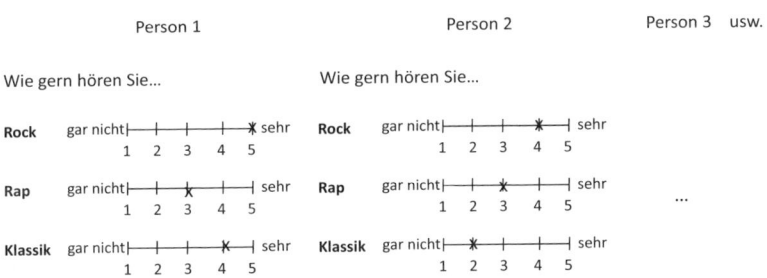

Abbildung 3.2: Beispiel für Antworten auf Ratingskalen von verschiedenen Personen

Auf welchem Skalenniveau liegen diese Daten nun vor? Obwohl Sie diese Frage schon selbst beantworten können, schauen wir uns noch einmal ein paar Beispiele an. Das Geschlecht bildet zwei Kategorien und stellt damit eine Nominalskala dar. Gleiches würde auch für den Familienstand gelten (z.B. ledig, verheiratet, verwitwet). Daten auf Nominalskalenniveau können nun dargestellt werden als Anteile oder als Häufigkeiten. Sagen wir, wir haben eine Stichprobe von 50 Personen und 20 davon sind Frauen – das ist bereits die Anzahl bzw. Häufigkeit. Diese Häufigkeit entspricht einem Frauenanteil von 40%. Wenn wir weiterhin jede Person danach gefragt haben, welchen Musikstil sie am meisten mag (z.B. Rock, Rap oder Klassik), haben wir es wieder mit verschiedenen Kategorien (also mit Daten auf Nominalskalenniveau) zu tun und können auch hierfür Häufigkeiten und

Anteile berechnen: 30 der 50 (also 60%) Personen hören Rock am liebsten, 15 von 50 (also 30%) hören Rap am liebsten usw.

Nun haben wir noch die Frage danach, wie sehr die jeweiligen Musikstile konkret gemocht werden (siehe Abbildung 3.2). Aus den Ratings, die die Personen angekreuzt haben, können wir zunächst Rangreihen bilden. Person 1 vergibt für Rock den Wert 5, weil sie diesen Musikstil am meisten mag. Anders gesagt, er bekommt Rang 1. Entsprechend landet Klassik auf Platz 2 und Rap auf Platz 3. (Wir hätten die Personen die drei Musikstile natürlich auch selbst in eine Rangreihe bringen lassen können, aber in unserem Beispiel können wir die Ränge aus den Ratings ermitteln.) Die gefundenen Rangreihen liegen auf Ordinalskalenniveau vor, und sie lassen sich wieder mit Hilfe von Häufigkeiten und Anteilen ausdrücken: bei 25 von 50 Personen (also 50%) landet Rock auf Platz 1, bei 15 Personen (also 30%) auf Platz 2 usw. Die gleichen Angaben müssten wir dann noch für Rap und Klassik machen. Daran sieht man schon, dass Ränge – im Gegensatz zu den einfachen Kategorien – schon viel differenziertere Daten liefern und daher eine solche Darstellung in Häufigkeiten oder Anteilen auch nicht mehr gebräuchlich ist. So ähnlich sieht es aus, wenn wir noch eine Stufe höher gehen und uns die Ratings direkt anschauen.

Bei den Ratings gehen wir von Intervallskalenniveau aus. Zunächst können wir hier wieder Häufigkeiten und Anteile „auszählen": bei Rock haben 5 von 50 Personen (also 10%) auf der Ratingskala den Wert 5 angekreuzt, 4 Leute (also 8%) den Wert 4 usw. Auch hier müssten wir die gleichen Angaben noch für Rap und Klassik wiederholen. Offensichtlich ist also für Daten ab Ordinalskalenniveau die Darstellung in Häufigkeiten und Anteilen nicht mehr besonders effizient, da wir hier gleich mehrere Diagramme konstruieren müssten (in unserem Beispiel je eines für Rock, Rap und Klassik). Wir werden darauf gleich noch zurückkommen.

Die Darstellung von Anteilen und Häufigkeiten

Häufigkeiten und Anteile kann man als einfache Zahlenwerte darstellen – so wie wir das eben getan haben – oder in Form von Tabellen oder Abbildungen. Diese können ganz verschieden aussehen und aufbereitet sein. Nehmen wir an, wir hätten die 50 Studierenden lediglich gefragt, was ihr

Lieblingsmusikstil ist, also unabhängig von der Stärke der Vorliebe. Eine Tabelle für die Häufigkeiten und Anteile könnte dann z.b. so aussehen:

Tabelle 3.1:   Häufigkeiten und Anteile von Liebhabern verschiedener Musikstile
(N = 50)

	Anzahl Personen	Prozent Personen
Rock	30	60
Rap	15	30
Klassik	5	10

In der Beschriftung zu Tabelle 3.1 sehen Sie übrigens die gebräuchliche Darstellung der Stichprobengröße: N steht für die Anzahl von Personen, die an einer Studie teilgenommen haben. Sie wird bei allen Tabellen, Abbildungen und in wissenschaftlichen Publikationen so angegeben und wird – wie jeder andere Kennwert auch – kursiv geschrieben.

Alternativ können die Häufigkeiten und Anteile in einer Abbildung dargestellt werden, entweder in einem Häufigkeitsdiagramm, genannt *Histogramm* (Abbildung 3.3), oder in einem *Kreisdiagramm* (Abbildung 3.4). Beim Histogramm kann man auf der Y-Achse – je nachdem, was gerade interessant ist – entweder die Häufigkeit oder den Anteil in Prozent abtragen.

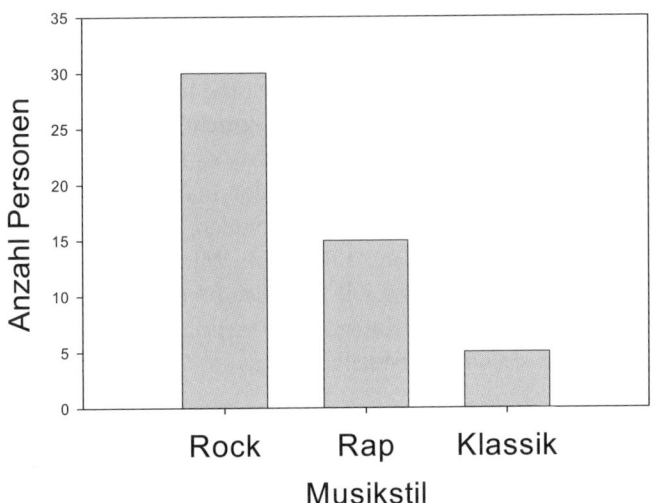

Abbildung 3.3:   Histogramm für die Beliebtheit von Musikstilen (N = 50)

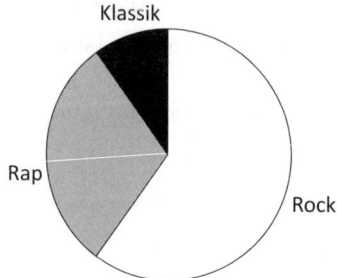

Abbildung 3.4:   Kreisdiagramm für die Beliebtheit von Musikstilen (N = 50)

3.3 Häufigkeitsverteilungen und Lagemaße

Stichproben liefern Verteilungen

Versuchen wir noch einmal, den genauen Zusammenhang zwischen dem Skalenniveau der Daten und der Darstellung von Häufigkeiten und Anteilen zu verstehen. Am besten erkennt man diesen Zusammenhang in einem Histogramm wie in Abbildung 3.3. Wir haben auf der Y-Achse die Anzahl von Personen abgetragen. Aber was ist auf der X-Achse abgetragen? Das ist nichts anderes als die Variable, die wir in der Studie untersucht haben: die Variable „Musikstil" mit ihren verschiedenen Ausprägungen. Auf der X-Achse steht also das gemessene Merkmal – daher spricht man einfach von der *Merkmalsachse*. Wir haben schon festgestellt, dass es sich hier um eine kategoriale Variable handelt, die demnach auf Nominalskalenniveau gemessen wurde. Wir haben also die Anzahl von Personen, die in jeder Kategorie (Rock, Rap, Klassik) liegen, einfach ausgezählt. Mit anderen Worten: durch die Auszählung können wir sehen, wie sich die untersuchten Personen in ihrem Musikgeschmack auf die drei Kategorien *verteilen*. Das Histogramm stellt daher eine sogenannte *Häufigkeitsverteilung* dar.

In einer Häufigkeitsverteilung ist die Anzahl von Personen abgetragen, die in einer Studie bestimmte Messwerte erzielt haben.

Die folgende Abbildung – die die gleichen Daten zeigt wie Abbildung 3.3 – verdeutlicht noch einmal genauer, dass sich in Häufigkeitsverteilungen immer einzelne Personen wiederfinden. Wir werden später noch andere Arten von Verteilungen kennenlernen, die Sie dann gut auseinanderhalten müssen.

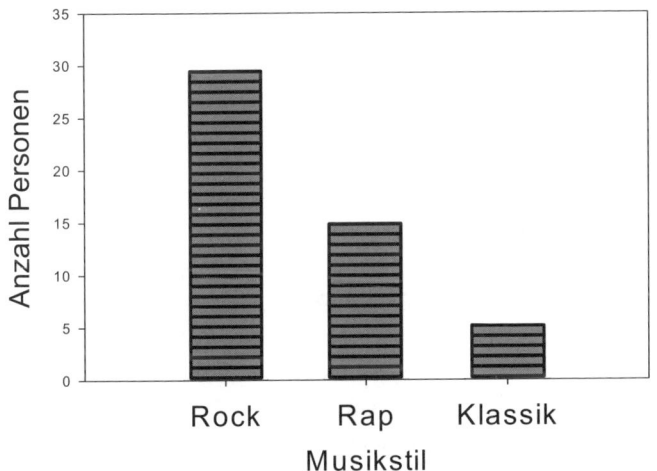

Abbildung 3.5: Häufigkeitsverteilung für die Beliebtheit von Musikstilen. Jedes Kästchen stellt eine Person dar. (N = 50)

Modalwert (Modus)

Wenn wir uns die Häufigkeitsverteilung aus Abbildung 3.5 anschauen, dann sehen wir sofort, dass die meisten Befragten Rock als Lieblingsmusik haben. Diese Information hat etwas mit der sogenannten *Lage* der Verteilung zu tun. Die Lage einer Verteilung gibt an, auf welchen Wert sich die Verteilung konzentriert. Für diese Information kann man nun verschiedene Kennwerte angeben – die sogenannten *Lagemaße*. Welches Lagemaß sinnvoll ist, hängt wieder vom Skalenniveau der Daten ab. Fangen wir beim Nominalskalen-niveau an, wie in Abbildung 3.5. Die Lage dieser Häufigkeitsverteilung können wir nur dadurch angeben, auf welche Kategorie die meisten Personen ent-fallen. Das hatten wir schon getan und festgestellt, dass es sich dabei um die

Kategorie Rock handelt. Das entsprechende Lagemaß heißt *Modus* oder *Modalwert*.

Der Modalwert einer Verteilung gibt diejenige Merkmalsausprägung an, die am häufigsten vorkommt.

In unserem Beispiel heißt der Modalwert „Rock" – was uns über die Häufigkeitsverteilung verrät, dass die Kategorie Rock am häufigsten vertreten ist. Mehr können wir über die Verteilung nicht aussagen.

Median

Das ändert sich bei Verteilungen von Daten auf Ordinal- und Intervallskalenniveau. Denn hier haben wir es nicht mehr nur mit qualitativen Merkmalsausprägungen (den Kategorien) zu tun, sondern mit Zahlen, die auf eine bestimmte Ordnung hinweisen. Sehen wir uns an, wie eine Häufigkeitsverteilung von Daten auf Intervallskalenninveau aussieht. Als Beispiel nehmen wir die Ratings aller Personen für die Frage, wie gut ihnen Klassik gefällt:

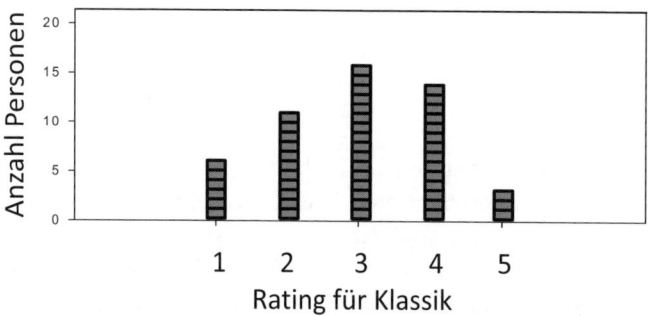

Abbildung 3.6:   Häufigkeitsverteilung der Ratings für Klassik

Auf der X-Achse stehen nun Zahlen auf Intervallskalenniveau, nämlich die möglichen Antworten (Ratings) auf die Frage, wie gut den Personen Klassik gefällt. (Eine solche Verteilung könnten wir natürlich auch noch für Rock und Rap machen.) Was können wir über die Lage dieser Verteilung aussagen? Zunächst können wir wieder den Modalwert bestimmen, denn auch in dieser Verteilung gibt es einen Wert, der am häufigsten vorkommt. Das ist hier der Wert 3. Damit wissen wir wieder, dass sich die Verteilung um den Wert 3 konzentriert. Da wir auf der X-Achse nun Zahlen auf Intervallskalenniveau stehen haben, können wir aber noch weitere Lagemaße angeben. Zunächst ist es interessant, welcher Wert genau in der Mitte der Verteilung liegt – der sogenannte *Median*.

> Der Median ergibt sich, wenn man alle Werte einer Verteilung der Größe nach aufschreibt und den Wert sucht, der genau in der Mitte steht. Liegt die Mitte zwischen zwei Werten, so wird von diesen beiden Werten der Mittelwert gebildet.

Wo ist der Median in unserer Verteilung? Dazu müssen wir alle 50 Messwerte der Größe nach aufschreiben. Sechs Personen haben eine 1 angekreuzt, 11 eine 2 usw.: 1111112222222222223333333333333333334444444444444555 Nun suchen wir die Mitte dieser Reihe. Die Mitte liegt hier genau zwischen zwei Werten, die aber beide 3 sind. Der Median ist in unserer Verteilung also ebenfalls 3 und mit dem Modalwert identisch. Das liegt daran, dass unsere Verteilung relativ symmetrisch ist. Anders sieht das bei nicht-symmetrischen Verteilungen aus. Nehmen wir an, die Ratings würden sich folgendermaßen verteilen:

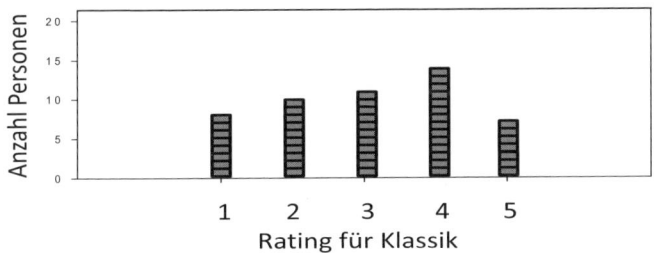

Abbildung 3.7: Unsymmetrische Häufigkeitsverteilung der Ratings für Klassik

In diesem Fall ist der Modalwert 4, während der Median immer noch 3 ist. Andersherum ausgedrückt: wenn man weiß, dass Modalwert und Median nicht übereinstimmen, dann weiß man gleichzeitig, dass man es mit einer nicht-symmetrischen Verteilung zu tun hat. Im Median steckt schon etwas mehr Information als im Modalwert, weil er die Lage der Verteilung besser wiedergibt: In Abbildung 3.7 ist 4 zwar der häufigste Wert, aber er gibt die Lage der Verteilung – also ihre ungefähre Mitte – nicht gut wieder. Das liegt daran, dass verhältnismäßig viele Personen die 4 angekreuzt haben, obwohl der „Vorsprung" der 4 nicht besonders groß ist. Es könnte also auch sein, dass wir in unserer Stichprobe nur zufällig die 4 etwas häufiger gefunden haben. Dieser Zufall kann auch der Grund dafür sein, dass die Verteilung nicht symmetrisch ist. (Warum Verteilungen meist symmetrisch sind, werden wir später noch sehen.) Der Median hingegen ist gegen solche leicht-unsymmetrischen Verteilungen unanfällig. Er wird die ungefähre Mitte der Verteilung immer relativ gut wiedergeben.

Der Median ist für Daten ab Ordinalskalenniveau brauchbar. Bei kategorialen Variablen macht es offensichtlich keinen Sinn, nach der „Mitte" der Messwerte zu suchen, weil die Messwerte nur qualitativ sind und daher nicht der Größe nach geordnet werden können. Ansonsten müssten wir z.B. die Merkmalsausprägungen Rock, Rap und Klassik „der Ordnung nach" aufschreiben, was aber nicht möglich ist.

Mittelwert

Bisher haben wir die Daten, die nach einer Studie vorliegen, im Prinzip nur „angeschaut", das heißt, wir haben an den *Rohdaten* nichts verändert. Wir gehen nun einen Schritt weiter und suchen in den Daten etwas, was nicht direkt sichtbar ist, sondern erst berechnet werden muss. Das dritte und letzte Lagemaß ist der *Mittelwert* der Daten.

Der Mittelwert (auch arithmetisches Mittel, Durchschnitt, Mean) ist die Summe aller Einzelwerte der Daten, geteilt durch die Anzahl dieser Werte:

$$\overline{X} = \frac{\sum x_i}{N}$$

x_i steht immer für einen einzelnen Messwert. Wir haben also in unserer Studie die Messwerte verschiedener Personen erhoben: $x_1 = 1$, $x_2 = 1$ usw. Um das abzukürzen, schreibt man einfach i als Index an die Variable x. Das Summenzeichen Σ deutet an, dass die Werte aller i Personen aufsummiert werden. N kennen Sie schon als Stichprobengröße. Der Mittelwert wird immer als X mit einem Querstrich dargestellt. Alternativ kann man auch M schreiben.

Benutzen wir wieder die Daten aus Abbildung 3.6, um den Mittelwert der Beliebtheit von Klassik zu berechnen:

$$\overline{X} = \frac{147}{50} = 2{,}94.$$

Wir sehen, dass dieser Mittelwert sehr dicht an Median und Modalwert liegt, was wieder von der relativ symmetrischen Verteilung herrührt. Der Mittelwert ist derjenige Wert, mit dem in den meisten statistischen Auswertungsverfahren, die wir noch kennenlernen werden, weitergerechnet wird. Daher wird er auch am häufigsten als Lagemaß angegeben. Abbildung 3.8 verdeutlicht noch einmal die Lage des Mittelwertes in unserem Beispiel.

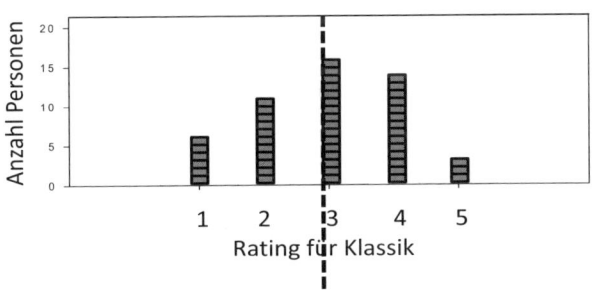

Der Mittelwert 2,9 gibt an, wo die Verteilung auf der Merkmalsachse liegt

Abbildung 3.8: Der Mittelwert als Lagemaß einer Verteilung

Allerdings kann es bei nicht-symmetrischen Verteilungen wiederum angemessener sein, den Median zu berichten. Schauen wir uns ein solches Beispiel an. Nehmen wir an, dass die Personen in unserer Stichprobe nicht so Klassik-begeistert waren und daher eher niedrige Ratings vergeben haben.

Der Einfachheit halber sehen wir uns diesmal nur eine Stichprobe von 10 Personen an:

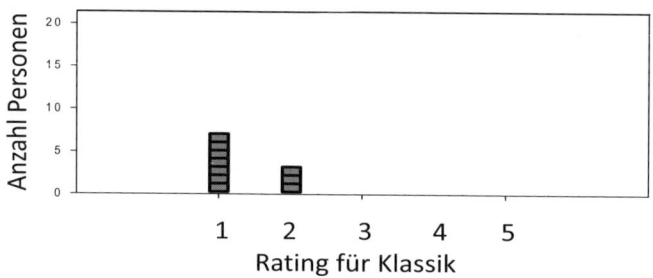

Abbildung 3.9:   Häufigkeitsverteilung der Ratings für Klassik bei 10 Personen

Obwohl Klassik also eher unbeliebt ist, könnten aber dennoch 2 Personen höhere Werte vergeben haben:

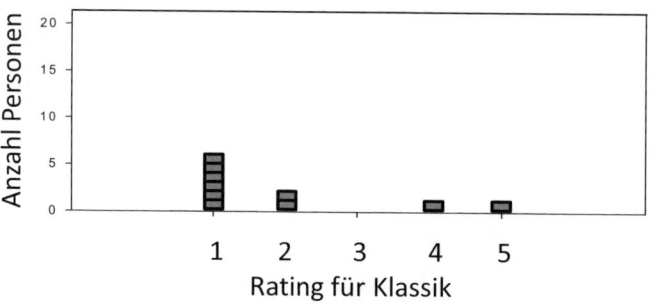

Abbildung 3.10:   Alternative Häufigkeitsverteilung der Ratings für Klassik
bei 10 Personen

Die Werte 4 und 5 wurden nur jeweils von einer Person angekreuzt und spielen damit für die Verteilung eigentlich keine große Rolle. Man spricht hier von *Ausreißern*. Im Prinzip unterscheiden sich die Lagen der beiden Verteilungen aus den Abbildungen 3.9 und 3.10 nicht voneinander, die zweite Verteilung weist lediglich zwei ungewöhnliche Werte auf. Was hat das für einen Einfluss auf den Median? Der Median ist in beiden Fällen 1, weil dieser Wert, wenn man die Werte der Größe nach ordnet, immer genau in der Mitte liegt. Er bleibt also von den einzelnen extremen Werten in der zweiten Verteilung (einmal 4 und einmal 5) unberührt. Man sagt auch, der Median ist *robust* gegenüber Ausreißern. Anders sieht es beim Mittelwert aus. In den Mittelwert gehen alle Werte – egal wie oft sie vorkommen – gleichwertig in die Berechnung ein. Der Mittelwert in der ersten Verteilung ist 1,3. In der zweiten Verteilung beträgt er jedoch 1,9 und ist damit viel größer. Er ist zwar der mathematisch berechnete mittlere Wert, aber er würde zu der Annahme verleiten, dass die zweite Verteilung generell aus höheren Werten besteht und dass diese sich um den Wert 1,9 konzentrieren. Beides wären aber keine korrekten Aussagen. Das Problem liegt also darin, dass der Mittelwert stark von Ausreißern beeinflusst wird. Weisen Verteilungen also Ausreißer auf oder sind sie sehr unsymmetrisch, so sollte man den Mittelwert mit Vorsicht genießen und lieber (zusätzlich) den Median betrachten.

Der Sinn der Lagemaße

Vielleicht fragen Sie sich nun, warum wir uns so viel Arbeit machen und die Lagemaße unserer Verteilungen bestimmen oder berechnen. Wenn wir die Verteilung vor uns haben, könnten wir doch auch so sehen, wie die Werte sich verteilen und wo ungefähr die Mitte liegt. Einen Grund, warum wir den Mittelwert brauchen, hatten wir schon angesprochen: er ist für weitere statistische Berechnungen nötig. Aber es gibt noch einen anderen Grund. Wenn wir uns nochmal dem Musikbeispiel widmen: dort haben wir bisher den Mittelwert aus der Verteilung für die Ratings für Klassik berechnet. In unserer Studie wurden aber auch Rock und Rap untersucht. Bei den Häufigkeiten und Anteilen hatten wir manchmal alle drei Musikstile auf einen Blick dargestellt (siehe Abbildungen 3.3 und 3.5). Das wollen wir natürlich für die Mittelwerte der Ratings genauso machen. Allerdings wäre es offensichtlich ziemlich aufwändig, nun für jeden Musikstil die Häufigkeitsverteilung zu konstruieren. Das ist auch gar nicht nötig. Denn – und das ist nun der eigentliche Sinn des Mittelwertes – der Mittelwert kann „stellvertretend" für die Verteilung stehen. Im Prinzip ist der Mittelwert in den meisten Fällen genau das, was uns interessiert. Wir wollen z.B. wissen, welches *durchschnittliche* Rating eine Stichprobe von Personen für Klassik, Rock und Rap abgegeben hat, ohne uns die ganzen Verteilungen ansehen zu müssen. Das heißt, wir würden lediglich jeweils den Mittelwert der drei Verteilungen ermitteln und nur diese Mittelwerte in einer Tabelle berichten oder in einer Grafik abtragen:

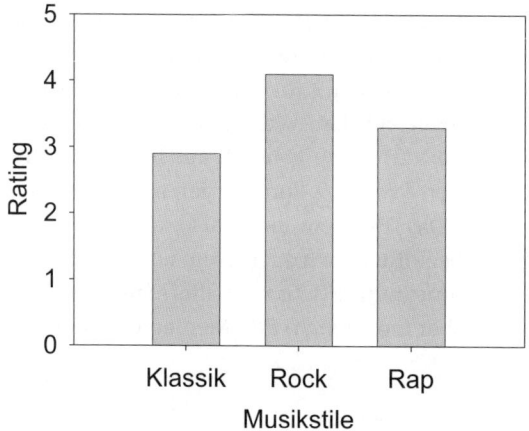

Abbildung 3.11: Mittelwerte der Ratings verschiedener Musikstile

Wir haben nun die Mittelwerte der Ratings aller drei Musikstile auf einen Blick. Beachten Sie aber, dass sich nun das gemessene Merkmal (Rating für Klassik) nicht mehr auf der X-Achse, sondern auf der Y-Achse befindet! Wir müssen uns die ursprüngliche Abbildung gedreht vorstellen:

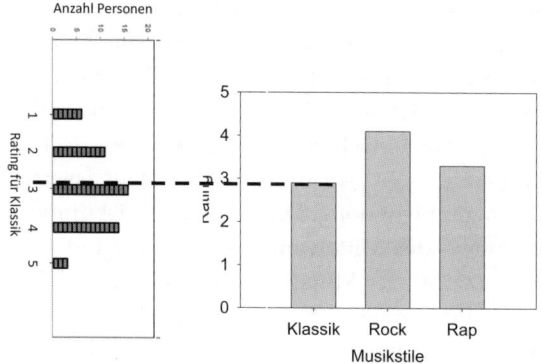

Abbildung 3.12: Darstellung der Beziehung zwischen Häufigkeitsverteilung und Mittelwertsgrafik

Das Gleiche könnten wir noch für die Häufigkeitsverteilungen für Rock und Rap darstellen; aber das Prinzip sollte deutlich geworden sein. Die Grafik, in der nur noch die Mittelwerte abgetragen sind, ist keine Häufigkeitsverteilung mehr – genauer gesagt, stellt sie überhaupt keine Verteilung dar (Sie erinnern sich: bei Verteilungen müssen immer Personen auftauchen, die sind hier aber verschwunden)! Machen Sie sich deutlich, dass Mittelwerte also immer aus Häufigkeitsverteilungen stammen. Übrigens könnte man die Grafik aus Abbildung 3.11 auch mit den Medianen machen; das ist allerdings nicht üblich. Stattdessen tauchen Mediane in einer anderen Art von Abbildungen auf, den Boxplots, die wir im nächsten Kapitel behandeln.

Wir haben gesehen, dass sich verschiedene Lagemaße anbieten, je nachdem, welches Skalenniveau die Daten haben. Welche Lagemaße für welche Daten zulässig sind, ist in Tabelle 3.2 noch einmal dargestellt.

Tabelle 3.2:   Zulässige Lagemaße bei verschiedenen Skalenniveaus

Skalenniveau	zulässige Lagemaße
Nominal	Modalwert
Ordinal	Modalwert, Median, (Mittelwert)
Metrisch	Modalwert, Median, Mittelwert

3.4 Streuungsmaße

Wir haben eben festgestellt, dass Lagemaße – insbesondere der Mittelwert – stellvertretend für die Häufigkeitsverteilung stehen können, aus der sie berechnet wurden. Wenn wir uns die Abbildungen 3.6 und 3.7 noch einmal anschauen, dann sehen wir aber, dass eine Häufigkeitsverteilung eigentlich nicht nur dadurch charakterisiert ist, wo sie liegt. Sondern offenbar können Verteilungen auch eine ganz unterschiedliche Form haben. In Abbildung 3.12 wird deutlich, dass bei der Berechnung und ausschließlichen Betrachtung des Mittelwertes die Form der Verteilung keine Rolle spielt. Wenn wir von der Verteilung lediglich den Mittelwert berechnen und darstellen, dann haben wir ziemlich viel Information „vernachlässigt" – die Information, die in der Form der Verteilung steckt. Genauer gesagt ist es die *Breite* der Verteilung, die eine interessante Information darstellt. Sie verrät nämlich etwas darüber,

wie sehr die Daten *streuen*. Warum ist diese Information so wichtig? Schauen
wir uns dazu folgendes Beispiel an:

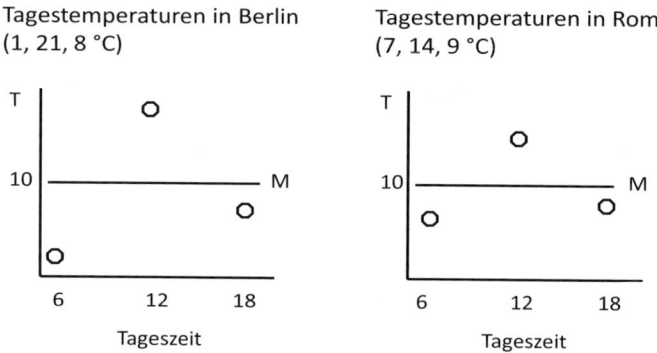

Abbildung 3.13: Beispiel für die Streuung von Daten

Die Abbildung zeigt die Tagestemperaturen für Berlin und Rom an einem
sonnigen Frühlingstag. Wie man sehen kann, schwanken die Temperaturwerte für Berlin über den Tag hinweg erheblich stärker als für Rom. Dennoch
ist der Mittelwert – also die Tagesdurchschnittstemperatur – in beiden
Städten gleich (10 Grad). Das bedeutet nichts anderes, als dass man sich auf
den Mittelwert der Temperatur in Rom viel stärker verlassen kann, da die
Temperaturen über den Tag hinweg nur wenig von „ihrem" Mittelwert abweichen werden. Ganz anders in Berlin: hier ist die Streuung der
Temperaturwerte um ihren Mittelwert so groß, dass einem der Mittelwert im
Prinzip gar nicht viel nützt. Denn wie warm es nun konkret zu einer bestimmten Tageszeit ist, lässt sich aus diesem Mittelwert nicht abschätzen.
Anders ausgedrückt: der Mittelwert liefert keine gute Schätzung für die tatsächlichen Werte. Dieses Problem wird umso größer, je stärker die Daten
streuen. Schauen wir uns noch ein Beispiel für verschiedene Streuungen an,
die sich bei Häufigkeitsverteilungen ergeben können. In Abbildung 3.14 sind
Beispiele für Verteilungen dargestellt, deren Werte alle denselben Mittelwert
haben, aber gänzlich unterschiedliche Streuungen.

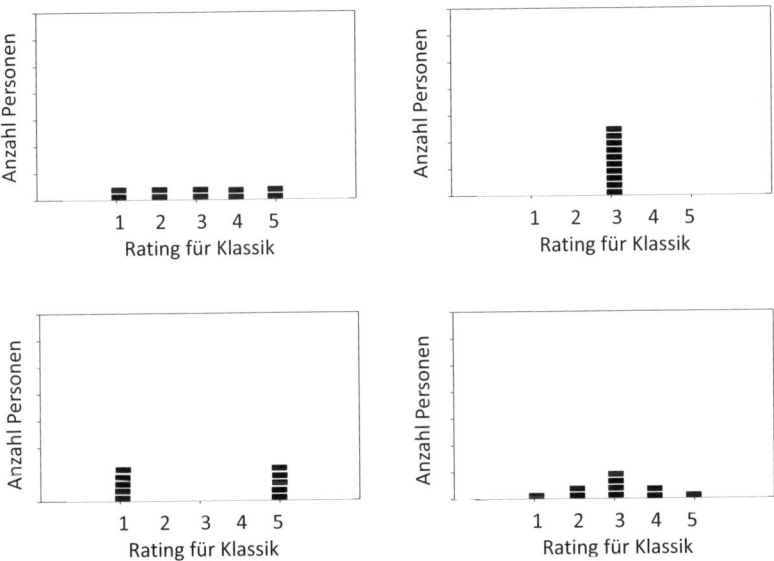

Abbildung 3.14: Beispiele für Verteilungen mit gleichem Mittelwert,
aber unterschiedlichen Streuungen

Wenn Sie also die Information erhalten, dass 10 Personen danach gefragt
wurden, wie sehr sie Klassik mögen (auf einer Skala von 1 bis 5) und der
Mittelwert aller Personen 3 ist, dann sollten Sie dieser Information offenbar
nicht besonders viel Gewicht beimessen. Stattdessen sollten Sie sofort danach
fragen, mit welcher Streuung die Daten behaftet sind, die zu diesem Mittelwert geführt haben. Wann können Sie einem Mittelwert vertrauen? Die
Antwort ist in Abbildung 3.14 sichtbar. Natürlich ist der Mittelwert der
Daten rechts oben am verlässlichsten. Denn hier hat jede Person 3 angekreuzt
– der Mittelwert stimmt also genau mit dem konkreten Ergebnis aller einzelnen Personen überein. Die Streuung der Daten wäre damit 0. Das wäre ein
großer Glücksfall. Der häufigste Fall ist jedoch derjenige, dass die Daten
etwas um ihren Mittelwert streuen, und zwar meist in beide Richtungen
gleich stark. Das heißt, Werte, die nur etwas größer oder kleiner als der
Mittelwert sind, können noch relativ häufig vorkommen. Daten mit
größerem Abstand vom Mittelwert sollten immer seltener werden. Das ist
der Fall in der Verteilung rechts unten. Allerdings streuen die Daten hier

bereits über den gesamten Wertebereich (das heißt, alle möglichen Werte von 1 bis 5 sind vertreten).

Die Daten können aber auch verteilt sein wie in der Verteilung links oben. Hier haben immer zwei Personen einen der möglichen Werte angekreuzt. Die Streuung ist damit schon sehr groß und Sie sehen, dass es hier überhaupt keinen Sinn mehr macht, den Mittelwert anzugeben. Es gibt hier keinen Wert mehr, um den sich die Verteilung konzentriert. Und schließlich kann der Extremfall auftreten, dass die Gruppe der befragten Personen sozusagen in zwei Hälften zerfällt (links unten). Die einen sind Klassik-Fans, die anderen mögen Klassik überhaupt nicht. Auch hier wäre der Mittelwert 3, aber er hat keinerlei Aussagekraft. Die Streuung ist in diesem Fall die größtmögliche. Wie man sieht, brauchen wir also zu jedem Mittelwert immer auch eine Information über die Streuung der Daten, sonst wissen wir nicht, wie sehr wir dem Mittelwert trauen können. Wir können nun aus diesen Erkenntnissen die folgende Schlussfolgerung ableiten:

> Eine Häufigkeitsverteilung ist immer durch ihre Lage und ihre Streuung charakterisiert. Zu jedem Lagemaß muss immer auch ein Streuungsmaß angegeben werden.

Eine Verteilung kann durch verschiedene Streuungsmaße charakterisiert werden, die wir uns nun anschauen werden.

Spannweite (Range)

Die einfachste Möglichkeit, mit Hilfe eines Kennwertes etwas über die Streuung von Daten in Verteilungen auszusagen, ist die *Spannweite*. Die Spannweite (oder auch Range genannt) ergibt sich einfach aus der Differenz zwischen dem größten und dem kleinsten vorliegenden Wert in den Daten. Schauen wir uns dazu Abbildung 3.14 an. In der Verteilung rechts oben gibt es nur den Wert 3. Die Spannweite ist damit 0. In den drei anderen Verteilungen müssten wir jeweils den kleinsten Wert vom größten abziehen. Das ergibt jedesmal die Differenz 5 – 1 = 4. Die Spannweite ist also in allen anderen Verteilungen gleich groß. Das ist gleichzeitig ein Hinweis darauf, dass die Spannweite offenbar nicht besonders gut zwischen den verschiedenen Verteilungen differenzieren kann. Besonders anfällig ist sie gegenüber Ausreißern. Stellen wir uns vor, in der Verteilung rechts oben hätte es eine Person gegeben, die 5 angekreuzt hat. Der Range wäre damit nicht mehr 0, sondern 5 – 3 = 2. Und das nur, weil es einen einzigen Ausreißer gab. Die Spannweite wird daher nur sehr selten verwendet, meist als Streuungsmaß für die Altersangabe von Versuchsteilnehmern, damit man genau weiß, wie jung der Jüngste und wie alt der Älteste war.

Interquartilsabstand

Um das Problem der Ausreißer zu umgehen wurde ein Streuungsmaß entwickelt, das die äußeren Ränder der Verteilung unberücksichtigt lässt. Man schreibt hierbei wieder – wie bei der Bestimmung des Medians – alle Werte der Größe nach auf und teilt diese Reihe in vier gleich große Teile, die sogenannten Quartile. Nun bestimmt man die Differenz aus dem oberen und dem unteren Quartil. Sehen wir uns diesen *Interquartilsabstand* zuerst für die Verteilung in Abbildung 3.14 rechts unten an. Zunächst schreiben wir die Messwerte der Größe nach auf: 1 2 2 3 3 3 3 4 4 5. Nun suchen wir das untere Quartil (es wird auch 25%-Quartil genannt). Dafür nehmen wir die untere Hälfte der Daten (also 1 2 2 3 3) und suchen den Wert, der genau in der Mitte steht. Das ist der Wert 2. Das untere Quartil ist also 2. (Besteht eine solche Hälfte aus einer geraden Anzahl von Werten, wird das Quartil – genau wie beim Median – aus dem Mittel der beiden mittleren Werte berechnet. Und besteht die ursprüngliche Reihe aller Messwerte aus einer ungeraden Anzahl von Werten, so beinhalten sowohl die untere als auch die obere Hälfte *beide* auch den Wert, der genau in der Mitte steht.) Für das obere Quartil müssen wir nun bei 75% der Daten schauen. Dafür benutzen wir die obere Hälfte der Daten (also 3 3 4 4 5): hier liegt die 4 in der Mitte. Das obere Quartil ist also 4. Nun ziehen wir das untere vom oberen Quartil ab (wie bei der Spannweite) und erhalten einen Interquartilsabstand von 4 – 2 = 2.

Bei der Verteilung rechts oben ist jeder Wert 3, also auch beide Quartile. Der Interquartilsabstand ist damit 0, was wiederum angibt, dass die Daten keinerlei Streuung aufweisen. In der Verteilung links unten sieht man die Quartile auf einen Blick: das untere ist 1 und das obere 5. Der Interquartilsabstand ist also 5 – 1 = 4 und damit schon doppelt so groß wie in der Verteilung rechts unten. Die Streuung in der Verteilung links oben sollte irgendwo dazwischen liegen. Prüfen wir das nach: die Werte sind 1 1 2 2 3 3 4 4 5 5. Der Interquartilsabstand beträgt hier 4 – 2 = 2 und ist damit genauso groß wie in der Verteilung rechts unten. Wir sehen also, dass der Interquartilsabstand schon besser zwischen verschiedenen Verteilungen differenzieren kann und gegenüber Ausreißern robust ist, dass er aber immer noch nicht die exakte Streuung aller Daten wiedergeben kann. Der Interquartilsabstand wird aber – wie der Median – häufig für die explorative Datenanalyse benutzt.

Varianz und Standardabweichung

Bei der Spannweite und dem Interquartilsabstand gehen nur einzelne Werte der Verteilung in die Bestimmung ein. Ein exaktes Streuungsmaß sollte hingegen alle Werte in die Berechnung einfließen lassen. Die beiden Streuungsmaße, die diese Forderung erfüllen, sind die *Varianz* und die *Standardabweichung*. Beide Streuungsmaße beantworten am besten die Frage, mit der wir gestartet sind: wir wollten wissen, wie gut oder zuverlässig ein Mittelwert die Verteilung repräsentieren kann, aus der er stammt. Varianz und Standardabweichung beziehen sich nun konkret auf diesen Mittelwert und fragen danach, wie weit alle Werte in der Verteilung im Durchschnitt von ihm abweichen.

Die Varianz s^2 ist die durchschnittliche quadrierte Abweichung aller Werte von ihrem gemeinsamen Mittelwert.

$$s^2 = \frac{\sum (x_i - \overline{X})^2}{N}$$

An der Formel ist dieses Vorgehen sehr gut sichtbar: von jedem Wert x_i wird der Mittelwert aller Daten $\overline{x}$ abgezogen. All diese Differenzen werden quadriert und aufsummiert. Das Quadrat ist nötig, damit sich positive und negative Differenzen nicht gegenseitig aufheben (da die Daten ja nach oben und nach unten vom Mittelwert abweichen). Dieses Maß ist ein guter Indikator für die Streuung der Daten. Da die Summe allerdings umso größer wird, je mehr Messwerte es gibt, wird sie am Ende noch durch die Stichprobengröße N (also die Anzahl aller Datenpunkte) geteilt. Das ist vor allem für den Vergleich der Streuungen von zwei Verteilungen sinnvoll, die unterschiedlich viele Werte beinhalten.

Da die Varianz immer den Durchschnitt *quadrierter* Werte liefert, die meist schwer zu interpretieren sind, ist es gebräuchlich die Wurzel daraus zu ziehen. So erhält man die Standardabweichung.

Die Standardabweichung s – oder auch *SD* für *standard deviation* – ist die Wurzel aus der Varianz.

$$s = \sqrt{s^2}$$

Die Größe der Standardabweichung kann wieder im Sinne der Rohdaten interpretiert werden, das heißt, sie drückt die Streuung in der Maßeinheit der Daten aus. Schauen wir uns nun Varianz und Standardabweichung für unser Beispiel aus Abbildung 3.14 an. Beginnen wir wieder rechts oben. Hier müssen wir nicht erst rechnen, denn wie man sieht, ist die Abweichung jedes Wertes vom gemeinsamen Mittelwert 0, da alle Werte mit dem Mittelwert identisch sind. Folglich sind auch Varianz und Standardabweichung 0. Für die Verteilung rechts unten sieht die Berechnung folgendermaßen aus (Sie erinnern sich: der Mittelwert war 3):

$$s^2 = \frac{\sum (x_i - \overline{X})^2}{N} = \frac{(1-3)^2+(2-3)^2+(2-3)^2+(3-3)^2+(3-3)^2+(3-3)^2+(3-3)^2+(4-3)^2+(4-3)^2+(5-3)^2}{10} = \frac{12}{10} = 1{,}2$$

Die Standardabweichung beträgt entsprechend 1,10. Ist das ein großer oder kleiner Wert? Da wir gesagt hatten, dass die Standardabweichung im Sinne der Maßeinheit der Rohdaten interpretiert werden kann, müssen wir uns zur Beantwortung dieser Frage also die Skala ansehen. Die Skala reicht von 1 bis 5. Die Information, dass die Daten auf dieser Skala durchschnittlich um 1,1 Punkte vom Mittelwert abweichen, gibt uns eine Vorstellung davon, wie die Verteilung in etwa aussehen könnte. Wenn Daten auf einer 5-Punkte-Skala um durchschnittlich einen Punkt abweichen, dann kann man von einer mittelgroßen Abweichung sprechen. Der Mittelwert kann die Daten also schon relativ gut repräsentieren. Leider gibt es keine pauschalen Angaben,

wann eine Streuung groß oder klein ist, da diese Interpretation immer stark
von der Fragestellung abhängt.

Schauen wir uns noch die anderen beiden Verteilungen an. In der Verteilung links unten beträgt die Varianz

$$s^2 = \frac{\sum (x_i - \overline{X})^2}{N} = \frac{40}{10} = 4,0$$

Die Standardabweichung beträgt damit 2,00, was so sein muss, denn alle
Werte weichen genau 2 Punkte vom Mittelwert ab. Das ist damit auch die
größtmögliche Abweichung, die es geben kann, denn die Werte können in
unserem Beispiel nicht mehr als 2 Punkte vom Mittelwert abweichen. Die
Varianz in der Verteilung links oben beträgt

$$s^2 = \frac{\sum (x_i - \overline{X})^2}{N} = \frac{20}{10} = 2,0$$

Die entsprechende Standardabweichung beträgt 1,41 und liegt damit zwischen der Standardabweichung der anderen beiden Verteilungen. Varianz
und Standardabweichung differenzieren also sehr genau zwischen den verschiedenen Verteilungen.

Der Sinn der Streuungsmaße

Erinnern Sie sich daran, dass wir in der Regel nicht wissen, wie eine Häufigkeitsverteilung genau aussieht, da sie bei der Darstellung von Ergebnissen
aus Stichproben nicht mit konstruiert wird. Stattdessen wollten wir – stellvertretend für die Verteilung – Kennwerte angeben, die uns deren Konstruktion ersparen. Diese Kennwerte haben wir nun durch die Lage- und
Streuungsmaße: Zu jedem Mittelwert geben wir ein Streuungsmaß – in der
Regel die Standardabweichung – an, um zu wissen, wie repräsentativ der
Mittelwert für die Daten ist. Ohne die Streuung zu kennen, ist die Angabe
eines Mittelwertes nutzlos! Je kleiner die Streuung, desto besser. In wissenschaftlichen Publikationen werden die Ergebnisse aus Stichproben immer in
der Form *M = ... (SD = ...)* angegeben. Sie erhalten also immer den Mittelwert
und in Klammern die Standardabweichung; und Sie sollten auch ihre

eigenen Ergebnisse immer in dieser Form berichten. Ein Beispiel könnte etwa lauten: Auf einer Skala von 1 bis 10 sind Männer durchschnittlich zufriedener mir ihrem Arbeitsplatz ($M = 8{,}3$; $SD = 1{,}8$) als Frauen ($M = 7{,}1$; $SD = 1{,}5$).

Stichprobenkennwerte und Populationsparameter

An dieser Stelle ist es sinnvoll, auf die verschiedenen Bezeichnungen und Schreibweisen von Kennwerten und Parametern einzugehen, da diese im Folgenden nicht verwechselt werden sollten. Bisher haben wir immer über Daten aus Stichproben gesprochen. Die Angaben über Stichprobendaten – also z.B. Mittelwerte und Standardabweichungen – heißen *Kennwerte*, und ihre Symbole werden in lateinischen Buchstaben geschrieben. Wir werden aber sehen, dass sich all diese Angaben auch für Populationen machen lassen. Da wir die Verhältnisse in der Population meist nicht kennen, handelt es sich dabei in der Regel um Schätzwerte. Die Angaben für die Population heißen nicht Kennwerte, sondern *Parameter*. Die Symbole für Parameter werden in griechischen Buchstaben geschrieben. Diese Schreibweisen sind in Tabelle 3.3 zusammengefasst.

Tabelle 3.3:   Notation von Stichprobenkennwerten und Populationsparametern

	Kennwerte in Stichproben	Parameter in Populationen
Mittelwert	$M, \overline{X}$	μ
Varianz	s^2	σ^2
Standardabweichung	s, SD	σ

3.5 Varianz – Schlüsselbegriff der Statistik

Wir haben die beiden Begriffe Varianz und Standardabweichung kennengelernt und können sagen, dass sie sich mit dem Oberbegriff *Streuung* zusammenfassen lassen. Der Begriff Varianz hat in der Statistik aber noch eine etwas weiter gefasste Bedeutung. Er wird ganz allgemein benutzt um die Variation von Daten zu beschreiben – also ohne einen konkreten Zahlenwert anzugeben. Die Varianz ist im Prinzip der wichtigste Begriff in der Statistik.

Denn alle Statistik hat – wenn sie über die bloße Beschreibung von Daten hinausgeht – nur ein einziges Ziel: die Aufklärung von Varianz. Da das Prinzip der *Varianzaufklärung* so wichtig ist, wollen wir es etwas genauer unter die Lupe nehmen.

Warum behaupten wir, dass die Varianzaufklärung das wichtigste Ziel der Statistik ist? Sicher erinnern Sie sich noch an das wichtigste Ziel der Psychologie als Wissenschaft. Es ging dabei um das Erklären, Vorhersagen und Verändern von Erleben und Verhalten. Und wir hatten festgestellt, dass diese Anliegen nur gelingen, wenn wir Ursache-Wirkungs-Beziehungen zwischen Variablen aufdecken können. Schließlich hatten wir als wichtigste Methode zum Aufdecken solcher Beziehungen das Experiment kennengelernt, dessen Hauptmerkmal das (künstliche) Variieren von Versuchsbedingungen ist. Diese Variation oder Manipulation einer unabhängigen Variable (UV) sollte einen Effekt auf die abhängige Variable (AV) ausüben, den wir messen können.

In den Beispielen, die wir bisher im aktuellen Kapitel über deskriptive Datenanalyse betrachtet haben, tauchten solche Manipulationen noch nicht auf. Wir haben uns z.B. angeschaut, wie eine Stichprobe von Personen verschiedene Musikstile bewertet. Die entsprechenden Mittelwerte hatten wir in Abbildung 3.11 dargestellt. Soweit haben wir allerdings lediglich eine Beschreibung von Daten vorgenommen. Ein solches Anliegen wird uns selten begegnen, denn hier können wir nichts über Ursachen und Wirkungen sagen, weil es gar keine UV gibt. Die Angabe, wie gern verschiedene Musikstile gehört werden, mag vielleicht für einen Radiosender oder einen Plattenladen interessant sein, aber es verbirgt sich keine interessante wissenschaftliche Frage dahinter, die mit diesen Daten beantwortet werden würde. Solche bloßen Beschreibungen von Daten werden daher in der Psychologie eher die Ausnahme sein. Stattdessen sind in der Psychologie so gut wie immer unabhängige Variablen im Spiel, die einen messbaren Effekt auf die AV ausüben. Was aber macht die Wirkungsweise einer UV aus? Oder anders gefragt: was muss eine UV tun, damit sie einen Effekt auf die AV ausüben kann? Die Antwort liegt nun auf der Hand: sie muss Varianz erzeugen. Denn ein Effekt in der AV ist ja nichts anderes als ein Unterschied zwischen Gruppen. Und dieser Unterschied äußert sich in den gemessenen Daten als Varianz.

Und nun wird auch der Sinn der Statistik klar: sie dient *nach* der Datenerhebung dazu zu prüfen, wie groß die Varianz in den Daten ist und inwieweit sie auf die UV zurückgeführt werden kann. Man fragt also danach, welchen Anteil der Varianz der AV die UV *aufklären* kann. Je größer die Varianzaufklärung, desto stärker kann man die Unterschiede in der AV durch die UV erklären – man hat also die UV als Ursache identifiziert. Schauen wir uns ein Beispiel an. Wir wollen prüfen, ob Hintergrundmusik in einem Supermarkt einen Einfluss auf die Anzahl gekaufter Produkte hat. Dazu wählen wir zwei vergleichbare Supermärkte aus, lassen in dem einen Musik laufen (Supermarkt 2) und in dem anderen nicht (Supermarkt 1) und registrieren von jeweils 10 Kunden (der Einfachheit halber) die Anzahl gekaufter Produkte. Wir könnten nun für alle 20 Kunden eine Häufigkeitsverteilung konstruieren, die sich gewissermaßen aus zwei Häufigkeitsverteilungen für die beiden Supermärkte zusammensetzt:

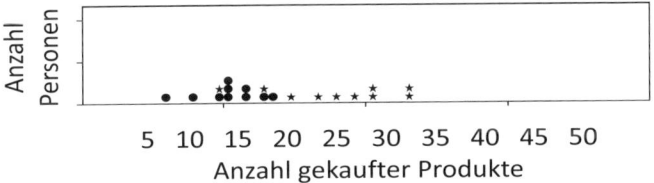

Abbildung 3.15: Anzahl gekaufter Produkte in Supermarkt 1 (Kreise) und Supermarkt 2 (Sterne)

Schauen wir uns alle Daten (also die Anzahl gekaufter Produkte für alle 20 Personen) an, wird deutlich, dass diese Daten stark streuen. Diese Varianz hat nun aber zwei Ursachen. Zum einen sehen wir, dass die Werte *pro* Supermarkt streuen, weil nicht jede Person gleich viele Artikel kauft. Das ist auch nicht anders zu erwarten. Diese Streuung ist also ganz normal – sie stellt eine Art natürliches Rauschen dar. Interessant ist aber zum anderen, dass beide Verteilungen offenbar nicht übereinander liegen, sondern ein Stück verschoben sind. Die Verteilung der Sterne liegt weiter rechts als die der Kreise. Würden wir für beide Verteilungen den Mittelwert ausrechnen, würden wir auch sehen, dass dieser für Supermarkt 2 größer ist (die Verteilung also weiter rechts „liegt"). Die Logik ist nun leicht nachzuvollziehen: Wenn die Hintergrundmusik (also die UV) keinen Effekt auf die Anzahl gekaufter Produkte (die AV) hätte, dann sollten beide Verteilungen übereinander liegen und nicht verschoben sein. Da sie aber nicht übereinander liegen, können wir sagen, dass die UV einen Effekt hatte. Oder anders gesagt: die UV hat Varianz in der AV erzeugt – sie hat die gesamte Verteilung aller Werte breiter gemacht, als sie ohne die Manipulation gewesen wäre. (Wir sind bei diesem Beispiel natürlich von einem gut kontrollierten Experiment ausgegangen, in welchem dafür gesorgt wurde, dass sich die beiden Supermärkte tatsächlich nur im Vorhandensein von Hintergrundmusik unterscheiden.)

Wir haben also die Gesamtvariation der Daten in zwei Teile zerlegt. Der erste Teil ist eine natürliche Varianz in den Daten, ein natürliches Rauschen, das uns im Prinzip nicht weiter interessiert. Wir sprechen hier auch einfach von *Fehlervarianz*, da sie einen Varianzanteil darstellt, der uns im Grunde nur stört. Der zweite Teil ist eine systematisch durch die UV hervorgerufene Varianz, die uns natürlich sehr interessiert. Sie beschreibt den Effekt der UV. Die Varianzaufklärung fragt nun einfach nach dem Verhältnis von interessierender zu nicht-interessierender Varianz. Der Anteil an der Gesamtvarianz, welcher durch die UV aufgeklärt wird, sollte möglichst groß sein. Der Anteil der Fehlervarianz an der Gesamtvarianz sollte klein sein. Im Idealfall – der in der Praxis aber nie eintritt – wäre die Varianzaufklärung 100%. Das wäre dann der Fall, wenn sich in unserem Beispiel die Mittelwerte der Gruppen unterscheiden, aber jeder der Mittelwerte keinerlei Streuung aufweist. Die Gesamtstreuung würde dann ausschließlich auf die UV (also auf den Unterschied zwischen den beiden Gruppen) zurückgehen (siehe Abbildung 3.16).

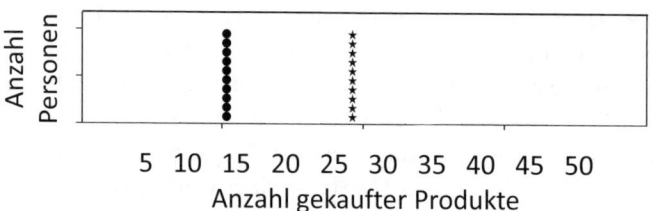

Abbildung 3.16: Alternative Anzahl gekaufter Produkte in Supermarkt 1 (Kreise) und Supermarkt 2 (Sterne)

An dieser Stelle wird noch einmal sehr deutlich, warum zu der Betrachtung von Mittelwerten immer auch die Betrachtung der entsprechenden Streuung gehört. Wenn wir berichten, dass sich die beiden Mittelwerte in unserem

Beispiel unterscheiden, dann können wir mit dieser Information so lange nichts anfangen, wie wir nicht wissen, wie stark die einzelnen Messwerte um diese Mittelwerte streuen. In Abbildung 3.15 ist die Streuung um beide Mittelwerte so stark, dass der Unterschied der Mittelwerte etwas „verwaschen" ist. Er könnte im Prinzip auch durch Zufall zustande gekommen sein. In Abbildung 3.16 ist die jeweilige Streuung dagegen für beide Mittelwerte 0. Dann können wir dem Mittelwertsunterschied sehr viel Vertrauen schenken und sicher sein, dass er nicht durch Zufall zustande kam.

3.6 Das Gesetz der großen Zahl

Wir haben jetzt an mehreren Beispielen gesehen, dass zu jedem Mittelwert die Varianz oder Standardabweichung angegeben werden muss, damit erkennbar ist, wie gut der Mittelwert die Daten der Verteilung repräsentieren kann. Hier stellt sich nun die Frage, wovon es abhängt, ob wir einen „guten" Mittelwert und eine „gute" Streuung finden können.

Um diese Frage zu beantworten, müssen wir uns zunächst noch einmal überlegen, wie unsere Häufigkeitsverteilungen überhaupt zustande kommen. Wir hatten gesagt, dass unsere Stichprobe immer nur einen Ausschnitt aus der Population darstellt. Und die Stichprobe sollte repräsentativ für diese Population sein. Das ist sie dann, wenn sie zufällig gezogen wurde. Mit „repräsentativ" haben wir dabei gemeint, dass verschiedene Merkmalsausprägungen in der Stichprobe mit genau dem gleichen Anteil vorkommen wie in der Population. Wenn es also in der Population beispielsweise verschiedene Ausprägungen von Intelligenz gibt, dann sollten auch in einer Zufallsstichprobe diese Ausprägungen entsprechend verteilt sein. Da wir nun wissen, was eine Häufigkeitsverteilung ist, können wir die Repräsentativität einer Stichprobe auch anders ausdrücken: die Häufigkeitsverteilung sollte die gleiche Form haben wie die Populationsverteilung. Die „gleiche Form" bedeutet ja nichts anderes, als dass die verschiedenen Ausprägungen einer Variable in den gleichen Anteilen vorliegen (also die gleiche Streuung aufweisen) und natürlich auch denselben Mittelwert haben. Wie können wir es nun schaffen, dass die Häufigkeitsverteilung unserer Stichprobe dieselbe Form annimmt wie die Populationsverteilung?

Sehen wir uns dazu ein Beispiel an. In Abbildung 3.17 ist ganz oben eine hypothetische Populationsverteilung für die Körpergröße einer Population von 118 Frauen dargestellt. Die jeweilige Anzahl von Frauen steht über den verschiedenen Merkmalsausprägungen.

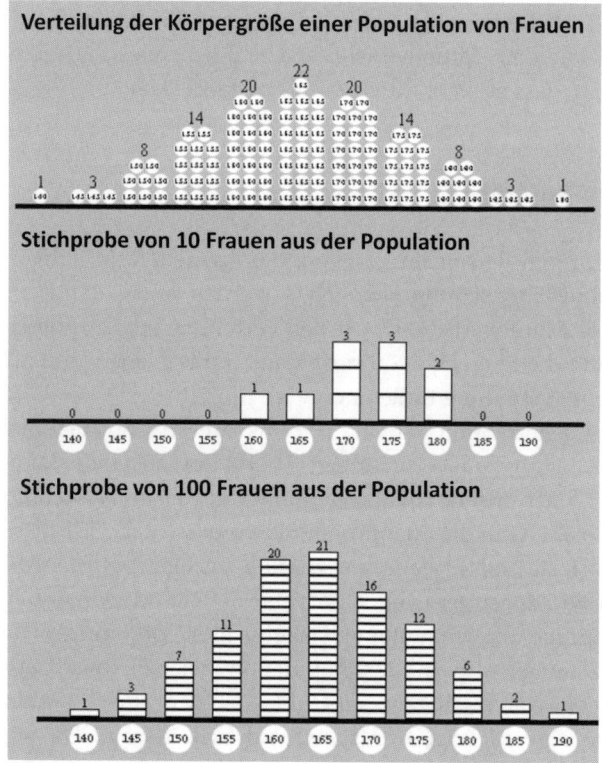

Abbildung 3.17: Das Gesetz der großen Zahl (Abbildungen erstellt mit dem Programm aus Sedlmeier und Köhlers, 2001)

Wie wir sehen, ist diese Verteilung symmetrisch und weist einen Mittelwert von 165 cm auf. Die Verteilung hat natürlich auch eine Streuung, da die Körpergröße von Frau zu Frau variiert. Wenn wir nun aus dieser Population eine repräsentative Stichprobe ziehen wollen, dann sollte die Häufigkeitsverteilung dieser Stichprobe dieselbe Form wie die Populationsverteilung annehmen. In der Mitte der Abbildung ist dargestellt, was passiert, wenn wir eine Zufallsstichprobe von 10 Frauen ziehen (also 10 Frauen nach ihrer Größe befragen). Bei einer Stichprobe von nur 10 Personen kann es passieren, dass wir relativ viele untypische Werte in unserer Stichprobe haben. Wir können Werte in der Mitte der Verteilung ziehen oder auch Werte am Rand der Verteilung. Beachten Sie, dass es sich hier um ein zufälliges Muster handelt, das heißt, diese Verteilung kann bei jeder Ziehung anders aussehen. Es ist zwar wahrscheinlicher, Werte aus der Mitte der Populationsverteilung zu ziehen, weil diese häufiger vorhanden sind, aber das heißt noch nicht, dass sich die Häufigkeitsverteilung um den korrekten Mittelwert konzentrieren muss. Wenn wir jetzt den Mittelwert berechnen würden, dann würden wir ihn etwas überschätzen. Hätten wir in unserer Stichprobe 10 andere Frauen erwischt, hätten wir den Mittelwert vielleicht unterschätzt oder genau getroffen. Wir wissen es nicht.

Was könnten wir tun, um dieses Problem abzuschwächen? Die Antwort sehen Sie schon im unteren Teil der Abbildung: wir müssen eine größere Stichprobe ziehen. Das wird dazu führen, dass die Stichprobe die Population besser repräsentiert. Da ja Werte, die nahe am Mittelwert liegen, häufiger vorhanden sind, werden sie auf lange Sicht auch häufiger gezogen. Die Populationsverteilung wird also bei steigender Stichprobengröße immer besser abgebildet. Dieses Prinzip wird *Gesetz der großen Zahl* genannt, formuliert von dem Schweizer Mathematiker Jakob Bernoulli.

Das Gesetz der großen Zahl: Je größer eine Stichprobe ist, desto stärker nähert sich die Verteilung der erhaltenen Daten der wahren Verteilung in der Population an.

Sie können sich dieses Prinzip auch an einem Würfel veranschaulichen. Alle sechs Zahlen eines Würfels sollten gleich häufig gewürfelt werden. (Die „Populationsverteilung" ist also eine Verteilung, in der die Werte 1-6 alle gleich häufig vorkommen. Wir sprechen hier von einer theoretischen Verteilung oder *Wahrscheinlichkeitsverteilung*: sie ordnet allen Zahlen von 1-6 die gleiche Wahrscheinlichkeit zu.) Wenn Sie nun 12 Mal würfeln, dann wird es sehr wahrscheinlich nicht so sein, dass Sie zwei Einsen würfeln, zwei Zweien usw. Stattdessen kann es sein, dass die Eins viermal kommt, die 2 gar nicht usw. Aus dieser kleinen Stichprobe von 12 Würfen könnten Sie also nicht erwarten, dass die Verteilung der Zahlen auf dem Würfel richtig repräsentiert wird. Wenn Sie nun aber hundertmal oder tausendmal würfeln und die Zahlen aufschreiben, dann werden Sie mit großer Wahrscheinlichkeit in etwa gleich große Anteile von Einsen, Zweien, Dreien usw. erhalten.

Aus dem Gesetz der großen Zahlen ergibt sich ein grundlegendes Prinzip für die Methodenlehre: Wir vertrauen Werten aus großen Stichproben mehr als Werten aus kleinen Stichproben. Die Botschaft für die Forschung lautet also: große Stichproben verwenden! Die Größe von Stichproben ist nach oben immer nur durch ökonomische Gesichtspunkte begrenzt. Mehr Personen für Untersuchungen anzuwerben kostet mehr Geld, die Untersuchung würde länger dauern und mehr Mitarbeiter erfordern. Besonders beim Durchführen von Experimenten ist der zeitliche und finanzielle Aufwand oft so groß, dass man sich mit Stichproben von 30 bis 100 Personen begnügen muss.

Die unsichtbare Populationsverteilung

Am Beispiel in Abbildung 3.17 haben wir eben gesehen, wie Stichproben verschiedener Größe aussehen können, die aus einer Populationsverteilung gezogen werden. Um Unklarheiten zu vermeiden, sollte man sich aber deutlich machen, dass diese Populationsverteilung praktisch immer unbekannt ist! Wir haben sie in diesem Beispiel lediglich benutzt, um das Gesetz der großen Zahl zu verdeutlichen. Die Verteilung wurde also vorher eigens simuliert. In der Praxis jedoch ist die Populationsverteilung immer genau das, was wir eigentlich suchen. Sie erinnern sich: wir ziehen Stichproben, die repräsentativ sein sollen für die Population, *weil* wir die Population selbst nicht untersuchen können. Stattdessen benutzen wir die Stichprobe, um etwas über die Population zu erfahren. Das heißt, wir benutzen die Werte, die wir aus der Stichprobe bekommen (z.B. Anteile, Mittelwerte, Streuungen) als *Schätzung* für die entsprechenden Werte in der Population. Und daher ist es so wichtig, dass wir hinreichend große Stichproben verwenden, denn nur dann ist unsere Schätzung exakt genug.

3.7 Die Darstellung von Lage- und Streuungsmaßen in Tabellen und Abbildungen

Wir hatten uns bereits angesehen, dass man Anteile und Häufigkeiten bei nominalen Daten in Histogrammen oder Kreisdiagrammen darstellen kann. Und wir haben gesehen, dass auch die Werte von ordinalen oder intervallskalierten Daten zwar in Häufigkeitsdiagrammen darstellbar sind, dass wir aber in der Regel auf die Darstellung dieser Verteilungen verzichten. Stattdessen tragen wir nur den Mittelwert der Verteilung(en) in einer neuen Abbildung ab. Das hatten wir in Abbildung 3.11 schon einmal so gemacht. Da wir nun wissen, dass zu jedem Mittelwert auch eine Streuung gehört, können wir neben dem Mittelwert auch in Abbildungen und Tabellen die Streuungen mit angeben. Betrachten wir dafür noch einmal das Beispiel mit den drei Musikstilen. In Abbildung 3.11 hatten wir die Mittelwerte der Ratings von 50 Personen für die Musikstile Klassik, Rock und Rap abgetragen. Wir können nun in dieselbe Grafik auch die Standardabweichung jedes Mittelwertes eintragen. Das macht man durch eine zusätzliche Linie am Kopf der Balken:

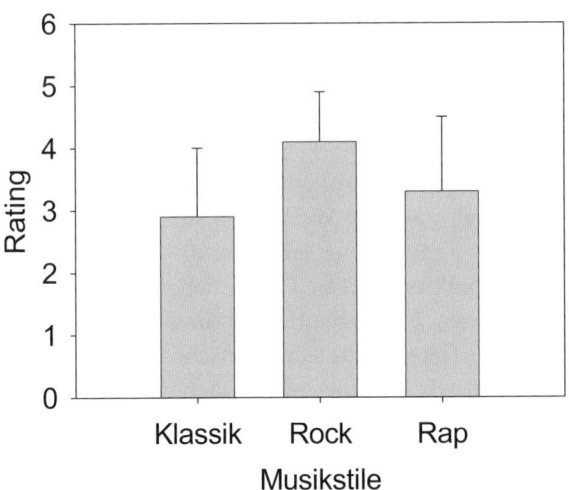

Abbildung 3.18: Beispielhafte Mittelwerte (und Standardabweichungen) der Ratings für die drei Musikstile

Diese Linien geben die Größe der Standardabweichung an. Man kann sie direkt an der y-Achse ablesen. Sie beträgt für Klassik beispielsweise 1,1. In einem solchen Diagramm hat man nun beide Informationen – Lage- und Streuungsmaße – auf einen Blick. Man kann nun auch viel leichter einschätzen, wie man die Unterschiede zwischen den Musikstilen beurteilen soll. Sind die Linien sehr kurz, die Standardabweichungen also klein, so ist der Unterschied zwischen Mittelwerten aussagekräftiger, als wenn die Linien lang und damit die Standardabweichungen größer sind. In unserem Beispiel liegen die Standardabweichungen eher in einem mittleren Bereich.

Alternativ können wir die Mittelwerte und Streuungen natürlich auch in einer Tabelle berichten:

Tabelle 3.4:   Beispielhafte Mittelwerte (und Standardabweichungen) der Ratings für die drei Musikstile

Musikstil	M	SD
Klassik	2,9	1,1
Rock	4,1	0,8
Rap	3,3	1,2

3.8 Formen von Verteilungen

Werfen wir noch einen Blick auf die verschiedenen Formen, die eine Häufigkeitsverteilung annehmen kann. Bisher hatten wir die Streuung als dasjenige Maß kennengelernt, das uns darüber Auskunft gibt, wie breit eine Verteilung ist. Eine große Streuung bedeutet, dass die Werte weit um den Mittelwert streuen, während bei Verteilungen mit kleiner Streuung die Werte alle nahe am Mittelwert liegen (siehe Abbildung 3.14). Dabei haben wir uns aber immer symmetrische Verteilungen angeschaut. Allerdings kann es vorkommen, dass die Verteilung der Daten nicht symmetrisch ist oder gar nicht symmetrisch sein kann. Schauen wir uns die verschiedenen Möglichkeiten an.

Symmetrische und schiefe Verteilungen

Eine Verteilung kann zufällig oder systematisch von der Symmetrie abweichen. Zufällig ist die Abweichung dann, wenn wir in einer Stichprobe untypische Werte oder Ausreißer ziehen, die die Verteilung in eine Richtung verzerren. Dieses Problem kann allerdings weitgehend vermieden werden, wenn man hinreichend große Stichproben benutzt, da sich hier extreme positive und extreme negative Abweichungen wieder die Waage halten sollten. Es kann aber auch eine systematische Verzerrung der Verteilung vorliegen, wenn die Streuung der Werte in eine Richtung eingeschränkt ist. Das ist besonders dann der Fall, wenn die Werte, die gemessen werden sollen, sehr nahe an einem Pol der Skala liegen. Typisch hierfür sind Beispiele, bei denen nach einer Anzahl gefragt wird. Fragt man Personen etwa danach, wie oft sie schon verheiratet waren, so wird sich die Verteilung um die Werte 0 und 1 konzentrieren und kann außerdem nur nach rechts weitere Werte aufweisen, nicht jedoch nach links:

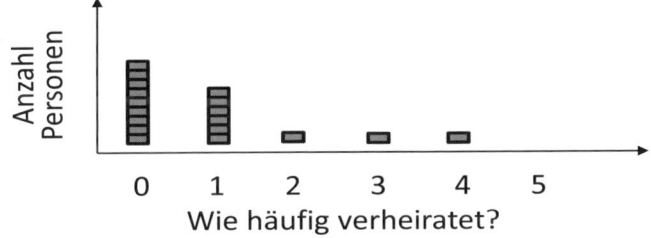

Abbildung 3.19: Eine rechts-schiefe Verteilung

Ein solcher Effekt kann auch am oberen Ende von Skalen auftreten. Macht man z.B. einen Leistungstest um zu prüfen, ob ein bestimmtes Training die Leistung verbessert, kann es sein, dass die meisten Personen nach dem Training *alle* Aufgaben des Tests richtig lösen. Dann können die Werte also nur nach unten variieren, aber nicht weiter nach oben. Man spricht dann von einem sogenannten *Deckeneffekt* – die Verteilung stößt „an die Decke" des Wertebereichs.

   Solche Verteilungen werden als schief bezeichnet und meist noch mit der Richtung der Verzerrung versehen. Die Verteilung in Abbildung 3.19 ist nach rechts verzerrt und heißt daher *rechts-schief* oder auch *links-steil* (da sie auf der linken Seite steiler ansteigt als auf der rechten). Der gegenteilige Fall wäre eine links-schiefe bzw. rechts-steile Verteilung.

Schiefe Verteilungen bringen das Problem mit sich, dass man ihren Mittelwert schlecht interpretieren kann, da dieser von den extremen Werten beeinflusst ist. Der Mittelwert kann dann also nicht mehr die Mitte der Verteilung repräsentieren, sondern ist ebenfalls in eine bestimmte Richtung verzerrt – bei dem Beispiel in Abbildung 3.19 nach rechts.

Unimodale und bimodale Verteilungen

Eine Verteilung kann außerdem die Besonderheit aufweisen, dass sich ihre Werte nicht nur um einen, sondern gleich um zwei Werte konzentrieren. Das ist dann der Fall, wenn eine Variable zwei Merkmalsausprägungen besitzt, die beide sehr häufig vorkommen. Das kann bei stark polarisierenden Fragestellungen auftreten. Fragt man beispielsweise politisch aktive Personen zu ihrer Einstellung gegenüber Atomkraft, werden sich wahrscheinlich zwei „Lager" bilden, die einen sind stark dafür, die anderen stark dagegen:

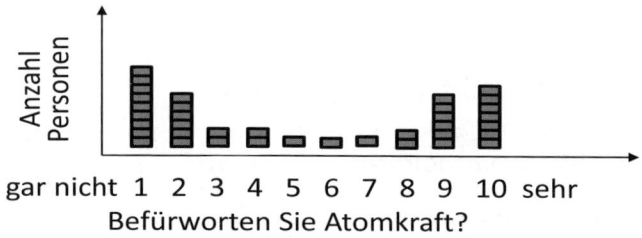

Abbildung 3.20: Bimodale Verteilung

Auch die Verteilung links unten in Abbildung 3.14 hat zwei solche Gipfel. Da solche Verteilungen zwei „häufigste" Werte (also zwei Modalwerte) haben, werden sie *bimodale* Verteilungen genannt. Alle anderen Verteilungen, die wir bisher betrachtet haben, sind entsprechend *unimodale* Verteilungen (mit nur einem Gipfel). Eine Verteilung kann natürlich noch mehr Gipfel aufweisen. Solche *multimodalen* Verteilungen sind allerdings äußerst selten. Auch bei bimodalen Verteilungen ist die Berechnung eines Mittelwertes wenig informativ. Er kann die Mitte der Verteilung nicht repräsentieren, weil es gar keine Mitte gibt, um die sich die Werte konzentrieren.

Die Normalverteilung

In den meisten Fällen haben wir es jedoch mit Verteilungen zu tun, die symmetrisch und unimodal sind. Das liegt daran, dass auch die Populationsverteilung – aus der wir unsere Stichproben ziehen – in den meisten Fällen symmetrisch und unimodal ist. Hinter dieser Tatsache verbirgt sich eine zentrale Entdeckung in der Geschichte der Psychologie. Der Belgier Adolph Quetelet wandte im 19. Jahrhundert als erster statistische Methoden auf biologische und soziale Sachverhalte an. Er erfasste z.B. die Größe von 10 000 Personen und stellte fest, dass sich die Verteilung der Größe einer sogenannten *Normalverteilung* nähert. Das ist eine Verteilung, die symmetrisch ist und eine typische Glockenform aufweist (siehe Abbildung 3.21). Diese *Gauss'sche Glocke* war in der Mathematik schon lange bekannt. Später entdeckte der Brite Francis Galton, dass sich nicht nur biologische und physiologische Merkmale mit Hilfe der Normalverteilung beschreiben ließen, sondern auch mentale Merkmale. Er erfasste die Noten einer Vielzahl von Studierenden und konnte auch diese durch eine Normalverteilung beschreiben.

Abbildung 3.21: Normalverteilung

Die Normalverteilung hat einen sehr großen Vorteil für die Psychologie: wenn wir wissen, dass die meisten Merkmale *normalverteilt* sind, dann müssen wir uns um die Form der Verteilungen keine Gedanken mehr machen – sie haben immer die Form einer Glockenkurve. Alles, was wir dann noch zur Beschreibung der Verteilung brauchen, sind Mittelwert und

Streuung. Diese einfache Abbildung psychologischer Merkmale in zwei simple mathematische Größen war so einfach wie effizient, dass der Großteil der Statistik heute auf der Normalverteilung basiert. Die meisten Testverfahren, die wir noch kennenlernen werden, beruhen auf der Annahme normalverteilter Daten. In der Psychologie geht man meist einfach davon aus, dass dasjenige Merkmal, das man misst, in der Population normalverteilt ist. Wie wir aber gesehen haben, kann es auch Ausnahmen geben. (Es empfiehlt sich daher immer, die Daten auf Normalverteilung zu prüfen, bevor man weiterführende Testverfahren rechnet. Das macht man in der Regel mit einem Statistikprogramm wie SPSS.)

📖 *Literaturempfehlung*

Zu Häufigkeitsverteilungen (auch in SPSS):

Bühner, M. und Ziegler, M. (2009). *Statistik für Psychologen und Sozialwissenschaftler*. München: Pearson (Kapitel 2).

3.9 Messungen vergleichbar machen: die z-Standardisierung

Den Mittelwert aus Stichproben bzw. Verteilungen haben wir bisher einfach dazu benutzt, die Lage von Verteilungen zu beschreiben. Man kann Mittelwerte aber auch benutzen, um für einzelne Personen eine Aussage darüber zu treffen, wo sich ihre Werte relativ zu diesem Mittelwert befinden. Liegt der Mittelwert einer Statistikklausur z.B. bei 2,0 und Julia hat eine 1,7, so liegt sie über dem Durchschnitt und hat besser abgeschnitten als die meisten anderen. Auf diese Weise kann man – vor allem bei Tests – für alle denkbaren Messungen angeben, ob eine Person genau dem Durchschnitt entspricht oder über- bzw. unterdurchschnittlich ist. Der Vergleich von individuellen Werten zwischen verschiedenen Personen wird allerdings problematisch, wenn das interessierende Merkmal auf verschiedenen Skalen gemessen wurde. Ein typisches Beispiel ist die Endpunktzahl im Abitur. Hier wird oft argumentiert, dass das Abitur in einigen Bundesländern schwieriger ist als in anderen – die Leistungen also auf unterschiedlichen Skalen gemessen wurden. Beispielsweise könnte Tom sein Abitur in Bayern mit 620

Punkten gemacht haben und Mia ihr Abitur in Sachsen mit 640 Punkten. Wenn man nun weiß, dass die Anforderungen in Sachsen etwas geringer waren, kann man dann immer noch sagen, dass Mia das bessere Abitur abgelegt hat?

Vor diesem Problem stehen wir in der psychologischen Forschung recht häufig. Gerade deswegen, weil Forscher in ihren Studien sehr oft ihre eigenen Fragebögen (und damit ihre eigenen Skalen) konstruieren, um ein bestimmtes Merkmal zu messen. Und für häufig verwendete Konstrukte wie Intelligenz, Lernen oder Persönlichkeit existieren jeweils eine Vielzahl verschiedener Testverfahren und Fragebögen.

Das Problem unterschiedlicher Skalen können wir dadurch lösen, dass wir Ergebnisse aus verschiedenen Studien auf eine einheitliche Skala *transformieren* (umrechnen). Eine solche Transformation ist ein einfacher Rechenschritt, der den jeweiligen Mittelwert und die jeweilige Streuung der Stichprobendaten (diese Maße unterscheiden sich ja zwischen Gruppen, die mit unterschiedlichen Skalen untersucht wurden) berücksichtigt. Der entsprechende Wert auf der einheitlichen Skala wird für jeden einzelnen Messwert (also in der Regel für jede Person) berechnet:

$$z_i = \frac{x_i - \overline{x}}{s_x}$$

Wie man sieht, wird bei dieser sogenannten *z-Transformation* von jedem Wert der Mittelwert aller Werte (Personen) abgezogen und diese Differenz zum Mittelwert anschließend an der Streuung aller Werte standardisiert. Daher bezeichnet man die z-Transformation auch häufiger als *z-Standardisierung*. Jedem Rohwert – egal auf welcher Skala er gemessen wurde – kann so ein entsprechender *z-Wert* zugeordnet werden. Z-Werte bilden eine standardisierte Skala. Das Besondere an z-Werten ist außerdem, dass sie immer einen Mittelwert von 0 und eine Standardabweichung von 1 besitzen – das ergibt sich rechnerisch aus der Transformation. Das führt dazu, dass die Verteilung von z-Werten immer gleich aussieht. Anders ausgedrückt: die Verteilung der Rohwerte wird transformiert in eine *z-Verteilung*. Wenn die Rohwerte normalverteilt waren – und davon gehen wir meist aus – dann bilden die resultierenden z-Werte eine *Standardnormalverteilung*.

Die Standardnormalverteilung

Die Standardnormalverteilung hat nun neben der bekannten Glockenform die beschriebene Eigenschaft, dass ihr Mittelwert 1 und ihre Standardabweichung 0 sind:

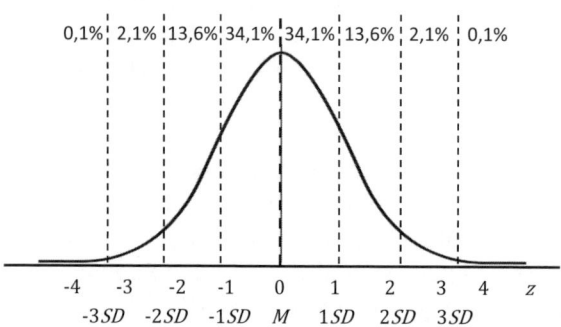

Abbildung 3.22: Standardnormalverteilung (auf der X-Achse sind die z-Werte und darunter deren Standardabweichungseinheiten abgetragen)

Die Abbildung zeigt, dass jedem z-Wert ein bestimmter Flächenanteil der Verteilung zugeordnet werden kann. So befinden sich z.B. im Bereich von jeweils einer Standardabweichung unter und über dem Mittelwert ca. 68% der Fläche. Wenn wir Rohdaten in z-Werte transformiert haben, können wir daher eine Menge Informationen aus den z-Werten ziehen. Schauen wir uns dazu unser Beispiel von oben an und berechnen die z-Werte für die beiden Abiturienten. Dafür brauchen wir noch die Mittelwerte und Streuungen der Notenpunkte beider Bundesländer, die in Tabelle 3.5 aufgeführt sind.

Tabelle 3.5: M und SD für Noten aus verschiedenen Bundesländern

	M	*SD*
Bayern	570	75
Sachsen	575	105

Anhand dieser Werte sehen wir schon, dass die Skalen nicht vergleichbar sind, da sich Mittelwerte und Streuungen unterscheiden – diese müssten sonst in beiden Bundesländern gleich sein, es sei denn, es gibt systematische

Unterschiede in der Leistung zwischen Schülern beider Länder – aber das nehmen wir nicht an. Berechnen wir nun die z-Werte für die beiden Abiturienten:

$$z_{Tim} = \frac{620 - 570}{75} = 0,67 \qquad z_{Mia} = \frac{640 - 575}{105} = 0,62$$

Anhand der z-Werte sehen wir nun, dass beide Schüler überdurchschnittlich abgeschnitten haben, da sie über dem Durchschnitt von 0 liegen. Außerdem sehen wir, dass Tim einen größeren Vorsprung gegenüber dem bayrischen Mittelwert hat als Mia gegenüber dem sächsischen Mittelwert. Tim hat also die bessere Leistung erzielt. Wir können nun allgemein festhalten:

> Die z-Standardisierung macht Messwerte von verschiedenen Skalen bzw. aus verschiedenen Stichproben vergleichbar, indem sie jedem Messwert einen standardisierten z-Wert aus der Standardnormalverteilung zuordnet, der eindeutig interpretierbar ist.

Auf diese Weise könnte man für jede Person einen z-Wert und damit ihre Lage relativ zu derjenigen Stichprobe ermitteln, aus der sie stammt. Und wir können noch eine andere Information aus dem z-Wert ziehen: er gibt uns die Fläche der Verteilung an, die unter ihm liegt – oder besser gesagt, links von ihm. Ein z-Wert von 0,67 würde also ca. bei 75% der Verteilung liegen. (Das ist in der Abbildung schwer zu erkennen, daher gibt es Tabellen, in denen man die Fläche nachschauen kann. Wir werden das im Zuge der Inferenzstatistik tun.) Diese Fläche bedeutet übersetzt nichts anderes, als dass Tim besser abgeschnitten hat als 75% seines Jahrgangs.

4 Explorative Datenanalyse: Muster und Zusammenhänge erkennen

Die deskriptive Datenanalyse (Kapitel 3) hat den Zweck, die in einer Stichprobe gefundenen Daten mit Hilfe von Kennwerten zu beschreiben und grafisch oder tabellarisch darzustellen. Bei dieser Darstellung von Daten geht es um einzelne Variablen und ihre Ausprägungen. In der explorativen Datenanalyse gehen wir nun einen Schritt weiter und versuchen, mit Hilfe von geeigneten Darstellungen und Berechnungen die Daten nach Mustern oder Zusammenhängen zu untersuchen. Daher auch der Begriff „explorativ" – wir forschen (explorieren) in den Daten nach interessanten Informationen, die man bei der einfachen Betrachtung in der deskriptiven Analyse nicht auf den ersten Blick sehen kann.

Wir werden zum Auffinden von Mustern und Zusammenhängen sowohl bestimmte Arten von Grafiken verwenden als auch grundlegende Arten von Berechnungen: Korrelation und Regression. Wir beginnen mit der grafischen Analyse: Boxplot, Stamm-und-Blatt-Diagramm und Streudiagramm.

4.1 Grafische Datenanalyse

Boxplot

In Kapitel 3 haben wir gesehen, dass die Angabe von Mittelwerten und Streuungen manchmal problematisch sein kann, wenn die Häufigkeitsverteilungen schief sind und/oder Ausreißer aufweisen. Zur Vermeidung einer Verzerrung des Mittelwertes durch Ausreißer hatten wir uns den Median als alternatives Lagemaß angeschaut. Ebenso konnten wir als alternatives Streuungsmaß den Interquartilsabstand benutzen, der auch unanfällig gegenüber Ausreißern ist. Beide Maße – Median und Interquartilsabstand – können daher gemeinsam genutzt werden, um eine Verteilung von Daten dahingehend zu prüfen, ob es solche Ausreißer gibt und wie die Verteilung ohne diese Ausreißer aussehen würde. Die grafische Darstellung, in der Median und Interquartilsabstand abgetragen sind, heißt *Boxplot*.

Ein Beispiel soll die Konstruktion und die Bedeutung eines Boxplots zeigen. Nehmen wir an, wir befragen zehn ländliche und zehn städtische Autohändler nach ihren Verkaufszahlen pro Monat und erhalten die folgenden Ergebnisse (bereits der Größe nach geordnet):

Tabelle 4.1:   Verkaufszahlen von 20 Autohändlern

Autohändler	
Ländlich	**Städtisch**
A: 12	K: 11
B: 12	L: 20
C: 14	M: 21
D: 15	N: 22
E: 15	O: 22
F: 16	P: 23
G: 18	Q: 23
H: 19	R: 24
I: 20	S: 25
J: 21	T: 25

Wir können nun zwei Boxplots für die beiden Verteilungen (ländliche und städtische Autohändler) konstruieren:

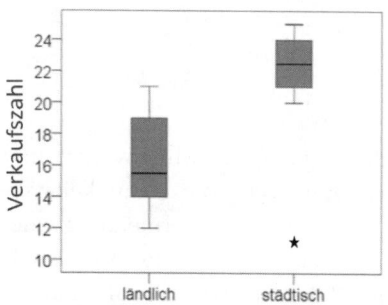

Abbildung 4.1:   Boxplots für die Verkaufszahlen von 20 Autohändlern

Im Boxplot muss man sich die Häufigkeitsverteilungen wieder um 90 Grad gedreht vorstellen, das heißt, das gemessene Merkmal (die Verkaufszahl) steht auf der Y-Achse. In einem Boxplot stecken die folgenden Informationen: Zunächst sehen wir eine Box (der graue Kasten). Diese Box ist nichts anderes als der Interquartilsabstand der Daten. Das untere Ende der Box markiert also das untere Quartil, das obere Ende das obere Quartil. Die Länge der Box gibt uns also Auskunft über die Streuung der Daten, und da es sich hierbei um den Interquartilsabstand handelt, ist diese Streuung nicht von extremen Werten oder Ausreißern beeinflusst. Stattdessen stellt die Box im Grunde einfach die mittleren 50% der Daten (der Verteilung) dar, da die oberen und unteren 25% unberücksichtigt bleiben. Wenn wir nun die beiden Boxen vergleichen, stellen wir fest, dass die linke Box länger ist als die rechte, also diese Verteilung eine höhere Streuung aufweist.

Die zweite Information, die wir erhalten, steckt in dem Strich, der die Box teilt. Das ist der Median. Die Lage des Medians innerhalb der Box gibt uns außerdem Auskunft über die Form der Verteilung. Wenn wir es mit einer symmetrischen Verteilung zu tun haben, dann sollte der Median ungefähr in der Mitte der Box liegen, so wie in der rechten Verteilung. Ist der Median jedoch verschoben, deutet das auf eine schiefe Verteilung hin. In der linken Box ist der Median nach unten verschoben, also zu den kleineren Werten. Das heißt, dass sich die Daten links vom mittleren Wert (den der Median ja repräsentiert) enger an diesen „herandrücken" als die Daten rechts vom mittleren Wert. Mit anderen Worten: wir haben es hier mit einer rechts-schiefen bzw. links-steilen Verteilung zu tun. Um das zu verdeutlichen, sind in der folgenden Abbildung die beiden Verteilungen mit den Werten aus Tabelle 4.1 jeweils rechts neben den Boxplots dargestellt.

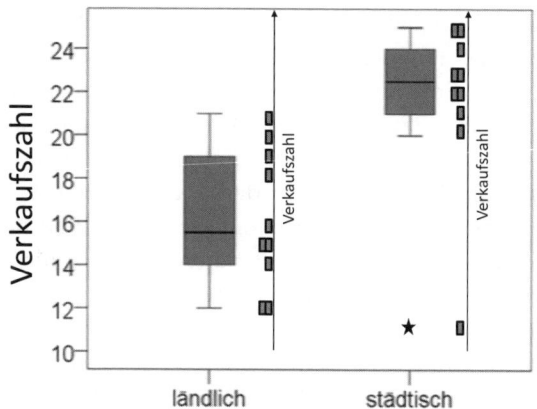

Abbildung 4.2:   Boxplots mit zugehörigen Verteilungen der Rohwerte

In der Abbildung ist nochmal zu sehen, dass in der linken Verteilung die Werte unterhalb vom Median (15,5) enger aneinander liegen und oberhalb vom Median weitläufiger sind. In der rechten Verteilung konzentrieren sich die Werte relativ gleichmäßig um den Median (22,5), wenn man den ganz unteren Wert außer Acht lässt.

Und damit sind wir bei der nächsten wichtigen Information, die uns ein Boxplot liefert. Einzelne Werte, die sich weit entfernt von der Box befinden, sind Ausreißer. In der linken Verteilung gibt es keine Ausreißer. Aber in der rechten Verteilung haben Sie eventuell schon bei der Betrachtung der Rohwerte gemerkt, dass der Wert 11 relativ untypisch für diese Verteilung ist, er ist viel kleiner als alle anderen. Im Boxplot sind solche Ausreißer durch einen Stern markiert. Ausreißer sind alle die Werte, die außerhalb der kleinen Querstriche liegen, die wir oben und unten am Boxplot noch finden. Das sind die sogenannten *Whiskers* (Barthaare).

Wie bestimmt man diese Whiskers? Zunächst werden dafür zwei Werte bestimmt, die Zäune genannt werden. Die Zäune entstehen, wenn man den Interquartilsabstand mit 1,5 multipliziert (das ist eine Konvention, die keine tiefere Begründung hat) und diesen Wert nach oben und unten an die Box anträgt. Probieren wir das für die linke Verteilung aus. Wie groß ist der Interquartilsabstand? Dafür müssen wir die beiden Quartile bestimmen. Das untere Quartil beträgt 14, das obere 19 (was also genau den Grenzen der Box entspricht). Der Interquartilsabstand beträgt damit 19 – 14 = 5. Diese

Differenz soll nun mit 1,5 multipliziert werden: 5 x 1,5 = 7,5. Dieser Wert wird nun auf das obere Quartil aufaddiert und vom unteren Quartil abgezogen, um die Zäune zu erhalten: oberer Zaun: 19 + 7,5 = 26,5 und unterer Zaun: 14 − 7,5 = 6,5. Warum benutzt man nun nicht einfach diese Zäune und trägt sie im Boxplot ab? Die Antwort ist ganz einfach: der Vorteil des Boxplot soll es sein, nur Rohwerte darzustellen und die Daten nicht in irgendeiner Weise zu verändern. Bisher haben wir nur Werte abgetragen, die auch in den Rohwerten vorkommen: die beiden Quartile sind „echte" Werte aus den Daten und der Median im Grunde auch (obwohl er streng genommen der Mittelwert aus den mittleren *beiden* Rohwerten ist). Die Zäune sind nun allerdings durch eine Berechnung entstanden und haben keine Entsprechung in den echten Werten. Daher trägt man nicht sie, sondern die Whiskers im Boxplot ab. Die Whiskers sind einfach diejenigen echten Werte, die am nächsten an den berechneten Zäunen liegen, und zwar immer in Richtung der Box gesehen. Unser oberer Zaun war 26,5. Diesen Wert gibt es in den Rohdaten nicht. Daher suchen wir denjenigen Wert, der am nächsten dran liegt. Das ist der Wert 21. Wir benutzen dafür immer nur Werte, die in Richtung der Box liegen. Hätte es in unseren Rohdaten den Wert 27 gegeben, hätte er zwar näher an 26,5 gelegen, aber auf der falschen Seite. Der untere Whisker befindet sich entsprechend beim Wert 12. Beide Whiskers können Sie in Abbildung 4.1 nachprüfen.

Jeder Wert, der nun außerhalb der Whiskers liegt, ist ein Ausreißer. In der linken Verteilung gibt es keinen, in der rechten Verteilung liegt der Wert 11 außerhalb des unteren Whiskers. Das Entdecken von Ausreißern ist wichtig, weil diese die Berechnung von Mittelwerten und Streuungen − wie wir sie für spätere statistische Verfahren brauchen − stark verzerren können. Wir können das illustrieren, wenn wir uns zusätzlich zu den Boxplots die Standardabweichungen für beide Verteilungen anschauen:

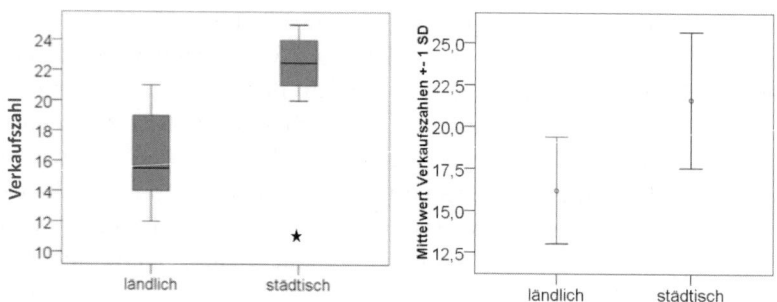

Abbildung 4.3: Boxplots und Standardabweichungen im Vergleich

Auf der rechten Seite sind die Mittelwerte der Verteilungen und die Standardabweichungen dargestellt. Wie man sehen kann, liefert die Standardabweichung für den städtischen Autohändler einen viel zu großen Wert, weil sie den einen Ausreißer berücksichtigt. Damit wird die Streuung sogar vermeintlich größer als die Streuung beim ländlichen Autohändler – was laut Boxplot genau umgekehrt ist. Wenn man genau hinsieht, dann erkennt man außerdem, dass der Mittelwert für den städtischen Autohändler – im Vergleich zum Median – leicht nach unten gerutscht ist. Diese Probleme würden sich noch stark verschärfen, wenn es mehr als einen Ausreißer gäbe.

Boxplots sind also eine gute Möglichkeit, die Rohdaten unverzerrt darzustellen und Ausreißer zu identifizieren. Die Entdeckung von Ausreißern und schiefen Verteilungen geht damit schon etwas über eine bloß deskriptive Datenanalyse hinaus. Zur Darstellung von Lage- und Streuungsmaßen sollten daher Boxplots bevorzugt werden! Außerdem wird nach dem Konstruieren von Boxplots meist so verfahren, dass man die Ausreißer aus den Daten entfernt. Sie stellen meist sehr untypische Werte dar, die auf verschiedene Ursachen zurückgehen können, die man aber in der Studie meist nicht berücksichtigen will oder kann. Man entfernt sie aus den Daten, um die Verzerrungen von Mittelwerten und Streuungen zu vermeiden, die in weitergehenden Analysen sonst stören würden.

Stamm-und-Blatt-Diagramm (Stem & Leaf Plot)

In Boxplots – genau wie in Abbildungen von Mittelwerten und Streuungen – sind die Rohdaten nur noch in einer Art Überblick oder Zusammenfassung dargestellt. Es gibt aber auch die Möglichkeit, Verteilungen mit all ihren Rohwerten darzustellen. Nehmen wir an, wir haben 25 Personen danach gefragt, wie viele Stunden sie durchschnittlich täglich fernsehen. Die entsprechenden Werte können wir in einem sogenannten *Stamm-und-Blatt-Diagramm* darstellen:

A   B

Frequency	Stem & Leaf	
1,00	0	5
1,00	1	2 — Eine Person mit dem Wert 2,3
,00	1	
4,00	2	2233
3,00	2	568
4,00	3	1134
6,00	3	555668
1,00	4	2
1,00	4	6
3,00	5	122
1,00	5	6

Frequency	Stem & Leaf	
1,00	0	5
1,00	1*	2
,00	1.	
4,00	2*	2233
3,00	2.	568
4,00	3*	1134
6,00	3.	555668
1,00	4*	2
1,00	4.	6
3,00	5*	122
1,00	5.	6

Abbildung 4.4: Stamm-und-Blatt-Diagramme mit unterschiedlicher Gestaltung des Stammes

Das Diagramm beginnt mit dem Stamm (stem), der die Einheit angibt, auf der sich die Daten gewissermaßen „erstrecken". Wenn die Personen z.B. Werte zwischen 0,5 und 5,6 Stunden angegeben haben, werden die Zahlen, die vor dem Komma stehen – also die Zahlen 0 bis 5 – an den Stamm geschrieben. Dahinter ist jede einzelne Person als ein Blatt (leaf) vertreten, und zwar mit ihrem Wert hinter dem Komma. Auf der linken Seite ist jeweils die Anzahl der Personen wiedergegeben, die sich auf diesem Teil des Stammes befinden. Man liest das Diagramm (A) dann folgendermaßen: Wenn wir ganz oben anfangen, dann sehen wir, dass eine Person einen Wert von 0,5 angegeben hat. Die zweite Zeile zeigt, dass eine Person den Wert 1,2 angegeben hat. Die dritte Zeile zeigt, dass niemand einen Wert ab 1,5 angegeben hat. Wie man sieht, ist jede Stelle vor dem Komma geteilt. In einer Zeile werden alle Werte abgetragen, die höchstens eine 4 hinter dem Komma stehen haben, in der nächsten Zeile alle, die mindestens eine 5 hinter dem Komma haben. Diese Art von Einteilung ist allerdings beliebig. Man kann auch alle Werte in eine Zeile schreiben, oder aber eine noch feinere Unterteilung machen. Das richtet sich danach, wie differenziert die Daten sind und wie viele Personen abgetragen werden müssen. Bei diesen Unterteilungen werden auch manchmal Symbole an den Stamm geschrieben, die die „Weite" des Stammes anzeigen (siehe Abbildung B). So symbolisiert ein Stern (*) den Wertebereich des Stammes, dessen Blätter von 0 bis 4 reichen und ein Punkt (.) den Wertebereich, dessen Blätter von 5 bis 9 reichen. Auch das Setzen solcher Symbole bleibt dem Gestalter selbst überlassen.

Die vierte und fünfte Zeile zeigen weiterhin, dass 7 Personen eine 2 vor dem Komma stehen hatten. Darunter waren zwei Personen, die den Wert 2,2 hatten, zwei Personen, die einen Wert von 2,3 hatten, usw. (nochmal: jedes Blatt entspricht der Dezimalstelle einer Person). Auf diese Weise taucht jede Person in der Abbildung mit ihrem konkreten Wert auf. Stamm-und-Blatt-Diagramme sind sicher eine etwas gewöhnungsbedürftige Art von Darstellung, doch da sie alle Rohwerte beinhalten, gibt es hier keinerlei Informationsverlust. Sie entsprechen im Prinzip der Darstellung der ursprünglichen Häufigkeitsverteilungen (wenn man sich diese wieder um 90 Grad gedreht vorstellt), mit dem Unterschied, dass hier die Dezimalstellen der Werte abgetragen sind. Sie können damit auch sehr gut zum Erkennen von schiefen oder untypischen Verteilungen benutzt werden.

Streudiagramme (Scatterplots)

Wir haben die Lage- und Streuungsmaße sowie Boxplot und Stamm-und-Blatt-Diagramm zur Beschreibung von Verteilungen verwendet und uns dabei immer auf einzelne Variablen konzentriert, deren Werte wir in den Verteilungen betrachtet haben. In einem nächsten Schritt wollen wir nun erstmals nach *Zusammenhängen* zwischen Variablen suchen, und zwar mit Hilfe von grafischen Darstellungen. Zusammenhänge zwischen Variablen sind eine der häufigsten Fragestellungen in der Psychologie. Wir könnten uns beispielsweise fragen, wie der Schulerfolg eines Schülers mit seiner Intelligenz zusammenhängt. Dafür messen wir diese beiden Variablen mittels Fragebögen bei 10 Schülern:

Tabelle 4.2: Werte für IQ und Schulerfolg von 10 Schülern

Schüler	IQ	Schulerfolg (Skala 1-10)
1	110	6
2	100	6
3	115	8
4	120	9
5	95	5
6	101	5
7	108	6
8	122	9
9	109	7
10	114	8

Wie können wir nun den Zusammenhang beider Variablen darstellen? Ganz einfach: anstatt die Werte der Personen für jede Variable einzeln darzustellen, tragen wir beide in dasselbe Diagramm ein – und zwar um 90 Grad gegeneinander versetzt. Die Werte für den IQ tragen wir auf der X-Achse ab und die Verteilung der Werte des Schulerfolges auf der Y-Achse (das ginge auch umgekehrt und bleibt Ihnen überlassen):

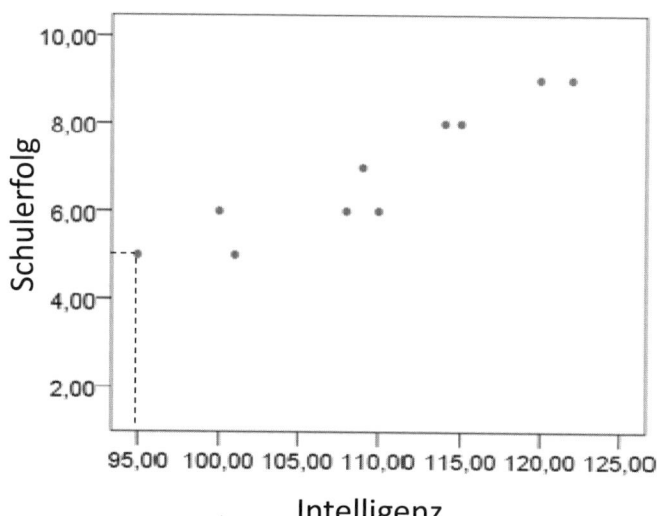

Abbildung 4.5: Streudiagramm

In diesem *Streudiagramm* ist jede Person durch einen Punkt vertreten und zwar an der Stelle, wo sich ihre Werte auf beiden Variablen kreuzen. Der Punkt ganz links in der Abbildung ist beispielsweise die Person 5 aus der Tabelle, sie hat einen IQ von 95 und einen Schulerfolg von 5 (siehe die gestrichelten Linien in der Abbildung). Alle Punkte zusammen – egal welches Muster sie aufweisen – bilden die *Punktewolke*. In diesem Streudiagramm kann man nun den Zusammenhang der beiden Variablen sehen. In unserem Beispiel wird deutlich: je größer der IQ, desto größer der Schulerfolg, weil steigende Werte auf der einen Variable mit steigenden Werten auf der anderen Variable einhergehen. Ob dieser Zusammenhang stark oder schwach ist, kann man auch durch einen Kennwert ausdrücken, wie wir gleich sehen werden.

4.2 Rechnerische Analyse von Zusammenhängen: die Korrelation

Streudiagramme bieten uns eine grafische Unterstützung beim Auffinden von Zusammenhängen zwischen Variablen. Bevor man irgendwelche Berechnungen mit den Daten anstellt, sollte man sich immer zuerst eine grafische Darstellung ansehen, und zwar sowohl von Lage- und Streuungsmaßen als auch von Streudiagrammen (wenn es um den Zusammenhang von Variablen geht). Meist erkennt man in diesen Darstellungen Besonderheiten in den Daten – wie Ausreißer oder schiefe Verteilungen – oder bereits Muster und Zusammenhänge. Außerdem bekommt man auf diese Weise einen besseren Eindruck von „seinen Daten" und kann sie auf sich wirken lassen, anstatt einfach drauflos zu rechnen.

Wenn ein Streudiagramm einen Zusammenhang zwischen Variablen vermuten lässt, kann man sich fragen, wie *stark* dieser Zusammenhang ist. Das können wir einerseits sehen und andererseits berechnen und ihn mit Hilfe eines Kennwertes angeben: der *Korrelation*. Wie Sie sich erinnern, sind alle Fragestellungen in der Psychologie entweder Zusammenhangs- oder Unterschieds-Fragestellungen. Und Sie erinnern sich auch, dass beide Arten von Fragestellungen ineinander überführbar sind. Folglich können wir jede Art von Fragestellung entweder als Unterschied oder als Zusammenhang auffassen. Dabei ist das Denken in Zusammenhängen die grundlegendere Art über psychologische Variablen nachzudenken und zu forschen.

Die Entdeckung der Korrelation geht übrigens auch auf Francis Galton zurück, über den wir im letzten Kapitel gesprochen hatten. Er beschäftigte sich mit der Körpergröße von Vätern und ihren Söhnen und stellte fest, dass große Väter tendenziell auch große Söhne bekommen und kleine Väter eher kleine Söhne. Beide Variablen stehen also in einer Ko-Relation. Diese Entdeckung mag nicht besonders spektakulär klingen, aber sie war ein weiteres Beispiel dafür, dass sich menschliche Merkmale in mathematischen Größen beschreiben ließen – eine für den Anfang des 19. Jahrhunderts keineswegs selbstverständliche Erkenntnis. Wir schauen uns nun an, wie man Zusammenhänge (rechnerisch) mit Hilfe der Korrelation beschreiben kann.

Die Korrelation repräsentiert das Ausmaß des linearen Zusammenhangs zweier Variablen. Man spricht auch von einem bivariaten Zusammenhang bzw. von einer bivariaten Korrelation.

Der Ausdruck *bi-variat* kommt daher, dass wir bei der Korrelation immer *zwei Variablen* auf ihren Zusammenhang hin untersuchen. Wir können also nicht gleichzeitig eine Korrelation von drei oder mehr Variablen untersuchen, sondern müssen Zusammenhänge solcher Art immer aus einzelnen bivariaten Korrelationen zusammensetzen. Dazu später mehr.

Zunächst bleibt noch der Begriff *linear* zu klären. Damit ist gemeint, dass der Zusammenhang der beiden Variablen – in einem Streudiagramm betrachtet – in etwa einer geraden *Linie* folgen sollte. Schauen wir uns Beispiele an, wie ein solcher Zusammenhang aussehen kann:

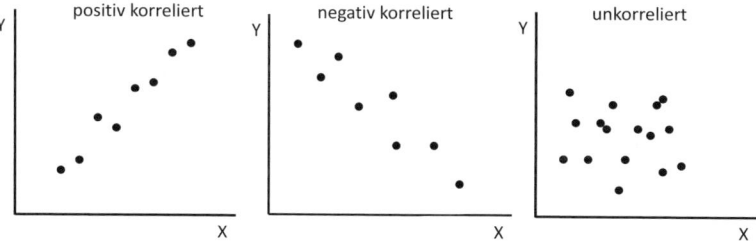

Abbildung 4.6: Positiv korrelierte, negativ korrelierte und unkorrelierte Daten

Im ersten Fall sind die Daten *positiv korreliert*: steigende Werte auf der X-Achse gehen mit steigenden Werten auf der Y-Achse einher. Außerdem folgen die Datenpunkte in etwa einer Linie und bilden daher einen linearen Zusammenhang. Ein Beispiel für eine solche Korrelation könnte der Zusammenhang zwischen der Anzahl guter Freunde und der Lebenszufriedenheit sein. Im zweiten Fall gehen steigende Werte auf der X-Achse mit sinkenden Werten auf der Y-Achse einher. Der Zusammenhang ist damit *negativ*, aber auch linear. Eine solche Korrelation könnte man etwa für den Zusammenhang zwischen dem Alter von Personen und ihrem Schlafbedürfnis finden. Wenn alle Datenpunkte exakt auf einer Linie liegen, würde sie einen perfekten linearen Zusammenhang aufweisen. Solche perfekten Zusammenhänge kommen in der Psychologie praktisch nie vor. Man muss ein technisches Beispiel heranziehen um einen solchen Zusammenhang zu finden: Wenn wir danach fragen, um wie viele Zentimeter sich eine Person nach oben bewegt, in Abhängigkeit davon, wie viele Stufen sie auf einer Leiter nach oben steigt, dann steht die Anzahl der Stufen in einem perfekten linearen Zusammenhang mit dem Höhenunterschied, den sie überwindet. Das muss so sein, wenn jede der Stufen die gleiche Höhe hat. Wir können hier auch von einem *deterministischen* Zusammenhang sprechen, weil der Höhenunterschied durch die Anzahl der Stufen determiniert ist. Wir hatten schon diskutiert, dass es in der Psychologie in der Regel keine deterministischen Zusammenhänge gibt. Stattdessen werden die Datenpunkte immer etwas von der perfekten Linie abweichen.

Ganz rechts in Abbildung 4.6 sind unkorrelierte Daten dargestellt. Hier ist keinerlei Zusammenhang erkennbar: Kleine Werte auf der X-Achse können sowohl mit kleinen als auch mit großen Werten auf der Y-Achse einhergehen. Und große Werte auf der X-Achse genauso. Hier haben die beiden Variablen offenbar nichts miteinander zu tun. Die Punktewolke sieht in diesem Fall einem Kreis ähnlich. Wenn es keinen Zusammenhang gibt, erübrigt sich natürlich die Frage nach der Linearität. Schauen wir uns nun Beispiele an, in denen die Daten nicht in einem linearen Verhältnis stehen:

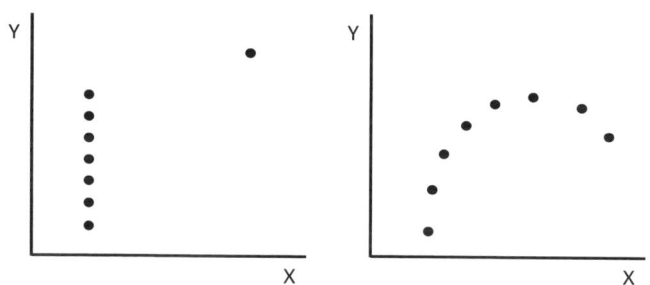

Abbildung 4.7: Nicht-lineare Zusammenhänge

Im linken Streudiagramm sehen wir eine Reihe von Punkten, die genau übereinander liegen. Hier geht also ein und derselbe Wert auf der X-Achse mit völlig verschiedenen Werten auf der Y-Achse einher. Diese Punkte für sich genommen zeigen also überhaupt keinen Zusammenhang zwischen den beiden Variablen. Nun kommt allerdings der eine Punkt rechts oben hinzu. Wenn man nun die Punktewolke insgesamt betrachtet, so führt dieser eine Punkt dazu, dass es scheinbar einen positiven Zusammenhang gibt, da dieser Punkt einen größeren Wert auf X mit einem größeren Wert auf Y verbindet. Dieser Zusammenhang ist aber alles andere als linear. Es wäre in diesem Fall sogar besser, den einzelnen Punkt als Ausreißer zu betrachten und aus den Daten zu entfernen.

Etwas schwieriger ist das rechte Streudiagramm. Hier haben die Daten einen starken Zusammenhang, der aber einer Kurve folgt und keiner geraden Linie. Solche sogenannten *kurvi-linearen* Zusammenhänge sind gar nicht so selten. Ein einfaches Beispiel ist der Zusammenhang zwischen der Anzahl getrunkener Tassen Kaffee pro Tag (X-Achse) und dem subjektiven Wohlbefinden (Y-Achse). Bis zu einer gewissen Menge ist der Zusammenhang positiv, flacht dann aber ab und kehrt sich bei steigender Koffeinmenge ins Gegenteil. Wir haben es hier also nicht mit einem linearen Zusammenhang von Variablen zu tun und können daher auch keine Korrelation für diesen Zusammenhang angeben.

Beide Beispiele in Abbildung 4.7 zeigen, warum die visuelle Inspektion der Daten so wichtig ist, bevor man Berechnungen anstellt. Die Inspektion würde in beiden Fällen ergeben, dass sie Berechnung einer linearen Korrelation wenig Sinn macht.

Wir kehren zurück zu den linearen Zusammenhängen, die wir nun rechnerisch beschreiben wollen. Um zu einem Kennwert für die Korrelation zu kommen, gehen wir zunächst – des Verständnisses wegen – einen kleinen Umweg über die *Kovarianz*.

Kovarianz

Wir erinnern uns noch einmal daran, dass das Interessante an jeder Variable ist, dass sie in ihrer Ausprägung variiert. Diese Variationen psychologischer Variablen machen den Menschen und unser Fach lebendig und sie stellen dasjenige Phänomen dar, an dem Methodenlehre und Datenanalyse ansetzen. Diese Variationen wollen wir beschreiben und erklären. Bei der Korrelation geht es nun darum, dass zwei Variablen in ihren Ausprägungen nicht unabhängig voneinander variieren, sondern in einer Art Gleichtakt: sie ko-variieren. In dieser Kovarianz von Variablen liegen die interessanten und aufschlussreichen Prinzipien, Funktionen und Mechanismen unserer Psyche versteckt. Genau so, wie wir die Variation von einzelnen Variablen mit Hilfe von Streuungsmaßen mathematisch beschrieben haben, können wir natürlich auch die Ko-Variation bzw. Kovarianz zweier Variablen mathematisch beschreiben. Die Berechnungen dazu leiten sich direkt aus der Berechnung der Varianz ab. Die Formel für die Kovarianz (cov) lautet:

$$\text{cov} = \frac{\sum (x_i - \overline{X})(y_i - \overline{Y})}{N}$$

Wie man an der Formel sehen kann, berechnen wir wieder für jeden Wert i seine Abweichung vom gemeinsamen Mittelwert. (Diese Differenz wird allerdings nicht quadriert wie bei der Varianz.) Sie wird nun aber nicht nur für eine Variable berechnet, sondern für alle beide (x und y), und beide Differenzen werden jeweils multipliziert. In dieser Multiplikation steckt die Grundidee der Kovarianz: sie ist dann groß, wenn ein Datenpunkt auf der einen Variable in die gleiche Richtung von seinem Mittelwert abweicht wie auf der anderen Variable. Das Produkt wird dann positiv. Die Produkte werden für jeden Datenpunkt aufsummiert. Und schließlich muss diese Summe wieder durch die Anzahl aller Datenpunkte geteilt werden (also durch die Stichprobengröße *N*), sonst würde die Kovarianz bei zunehmender Anzahl von Messwerten einfach immer größer. Schauen wir uns ein Beispiel an. Wir nehmen wieder an, wir hätten Intelligenz und Schulerfolg gemessen, diesmal aber nur bei drei Schülern, der Einfachheit halber. Es gibt also drei Datenpunkte in unserer Punktewolke:

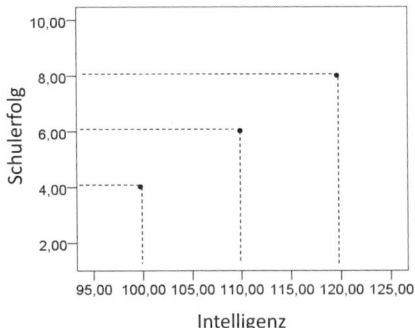

Abbildung 4.8: Streudiagramm (mit Hilfslinien) für drei Datenpunkte

Für die Berechnung der Kovarianz benötigen wir zuerst die Mittelwerte beider Variablen. Die sieht man schon auf den ersten Blick. Der Mittelwert von Intelligenz beträgt für die drei Personen $\overline{X}$ = 110, und der Mittelwert für den Schulerfolg beträgt $\overline{Y}$ = 6. Wir können nun die Kovarianz berechnen:

$$\text{cov} = \frac{(100-110)(4-6)+(110-110)(6-6)+(120-110)(8-6)}{3} = \frac{40}{3} = 13{,}3$$

Wie zu erwarten, liefert die Kovarianz einen positiven Wert, da wir es mit einem positiven Zusammenhang zu tun haben. Nun stellt sich allerdings die Frage, ob 13,3 ein großer oder kleiner Zusammenhang ist. Warum die Interpretation dieses Ergebnisses ohnehin schwierig ist, sehen wir, wenn wir uns die Formel nochmals anschauen. In die Formel fließen die Werte unserer beiden Variablen auf der Skala ein, auf der wir sie gemessen haben. Hätten wir den Schulerfolg aber mit einer anderen Skala erfasst, die z.B. von 1 bis 100 gereicht hätte, wären viel größere Werte in die Formel eingeflossen und die Kovarianz erheblich größer ausgefallen, obwohl sie denselben Zusammenhang beschrieben hätte. Die Kovarianz ist also von den Skalierungen der gemessenen Variablen abhängig. Dieses Problem wollen wir natürlich vermeiden und nehmen daher an der Kovarianz eine kleine Korrektur vor, die aus der Kovarianz die Korrelation macht.

Korrelation und Pearson-Korrelationskoeffizient

Um die Kovarianz von Variablen von ihren Skalen unabhängig zu machen, benutzen wir ein Verfahren, das wir schon kennengelernt haben: die Standardisierung. Sie erinnern sich: bei der Standardisierung werden die einzelnen Werte einer Variable um ihren Mittelwert vermindert und dann durch ihre Streuung geteilt. Die Werte befinden sich dann auf einer z-Skala, die unabhängig von der ursprünglichen Skalierung ist. Die Verminderung der einzelnen Werte um ihren Mittelwert haben wir in der Formel für die Kovarianz schon vollzogen. Das heißt, wir müssen die Kovarianz nur noch durch die Streuung der beiden Variablen teilen, um die Korrelation (*r*) zu erhalten:

$$r_{xy} = \frac{\text{cov}}{s_x s_y}$$

Da wir es mit zwei Variablen zu tun haben, steht im Nenner das Produkt aus beiden Streuungen: die Standardabweichung für die Variable X: s_x, und die Standardabweichung für die Variable Y: s_y. Der Wert, den wir hier berechnen, heißt *Korrelationskoeffizient r*. Er trägt im Index manchmal die Symbole der beiden Variablen, die korreliert werden, also X und Y.

Der Korrelationskoeffizient geht zurück auf Karl Pearson, einen Schüler von Francis Galton. Wie wir wissen, hatte Galton die Korrelation von Variablen erstmals beschrieben. Im Zusammenhang mit der Korrelation – große Väter bekommen auch große Söhne und umgekehrt – hatte Galton auch entdeckt, dass dieser Zusammenhang in eine bestimmte Richtung verschoben ist. Obwohl größere Väter größere Söhne bekommen, sind die Söhne doch tendenziell etwas kleiner als ihre Väter. Kleinere Väter bekommen entsprechend zwar auch kleinere Söhne, aber auch die sind in der Regel nicht ganz so klein wie die Väter. Die Größe der Söhne strebt also hin zum *Mittelwert aller* Söhne. Galton nannte dieses Phänomen *Regression (Zurückstreben) zur Mitte.* Mit Hilfe der Regression ließ sich die Körpergröße der Söhne relativ gut vorhersagen. Pearson entwickelte nun die oben gezeigte Formel für die Korrelation und gab ihr – in Gedenken an die von Galton entdeckte Regression – das Symbol *r*. (Übrigens: Pearson war Brite, war aber nach einem langen Aufenthalt in Deutschland so verliebt in dieses Land, dass er kurzerhand seinen Vornamen Carl „eindeutschte" zu Karl.)

Der Pearson-Korrelationskoeffizient (oft auch als Produkt-Moment-Korrelation bezeichnet) kann nur Werte zwischen -1 und 1 annehmen, sein Wertebereich ist also genau definiert. Eine Korrelation von -1 beschreibt einen perfekten negativen Zusammenhang, 0 beschreibt zwei unkorrelierte Variablen und 1 beschreibt einen perfekten positiven Zusammenhang.

Kommen wir zurück zu unserem Beispiel. Der Korrelationskoeffizient für die Daten aus Abbildung 4.8 wäre natürlich 1, da unsere drei Datenpunkte genau auf einer Gerade liegen – sie bilden einen perfekten linearen Zusammenhang. Was passiert nun, wenn die Punkte der Punktewolke nicht auf einer Gerade liegen? Schauen wir uns dazu noch einmal genauer an, was sich hinter der Korrelation rechnerisch verbirgt. Die folgende Abbildung zeigt 5 Datenpunkte, die auf einer Gerade liegen. Die Mittelwerte der beiden Variablen X (Intelligenz) und Y (Schulerfolg) sind als Linien eingezeichnet und der Abstand jedes Punktes von jedem der beiden Mittelwerte als gestrichelte Linien.

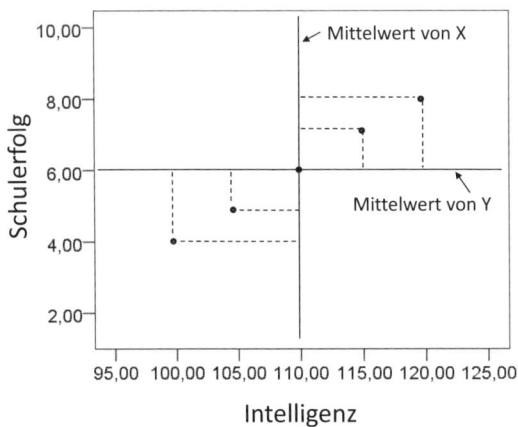

Abbildung 4.9: Datenpunkte und ihre Mittelwerte auf beiden Variablen

Wie man sehen kann, liegen alle Punkte nur dann auf einer Gerade, wenn ein bestimmter Abstand eines Punktes vom Mittelwert der einen Variable mit einem bestimmten Abstand vom Mittelwert der anderen Variable einhergeht. Das ist das Prinzip des Ko-Variierens der beiden Variablen. Inhaltlich bedeutet dieses Ko-Variieren aber nichts anderes, als dass die Varianzen der beiden Variablen voneinander abhängig sind. Anders ausgedrückt: wenn Werte auf der einen Variable von ihrem Mittelwert abweichen (also Varianz aufweisen), dann sollte das mit einer entsprechenden Varianz der Werte auf der anderen Variable einhergehen. Für unser Beispiel heißt das: Wenn jemand intelligenter ist als der Durchschnitt, dann sollte er auch mehr Schulerfolg haben als der Durchschnitt – und zwar *je mehr, desto mehr*. Nehmen wir nun an, unsere Punktewolke würde keine Gerade mehr bilden:

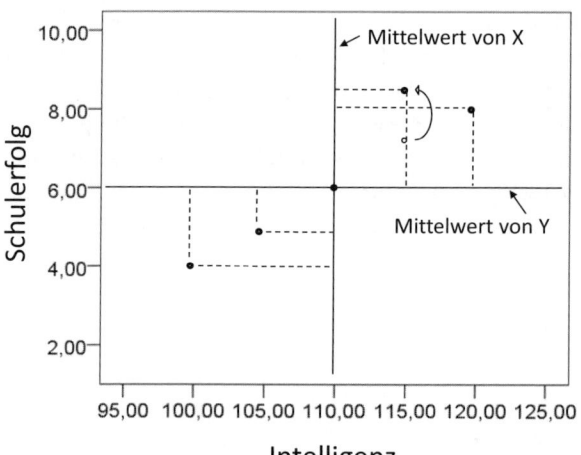

Abbildung 4.10: Datenpunkte, die nicht mehr auf einer Gerade liegen

Wie wir sehen, ist der vierte Punkt weiter nach oben gerutscht. Was bewirkt das für die Varianzen der Daten? Auf die X-Variable (Intelligenz) hat das keinen Einfluss, da sich der Punkt auf der X-Achse immer noch an derselben Stelle befindet. Auf der Y-Achse (Schulerfolg) ist der Punkt allerdings mehr vom Mittelwert weggerückt und hat damit die Varianz von Y vergrößert. Da diese Vergrößerung aber nicht mit einer entsprechenden Vergrößerung der Varianz in X einhergeht, ist sie durch die Korrelation der beiden Variablen

„nicht erklärbar". Die Korrelation weist sozusagen jedem Datenpunkt, der sich auf X befindet, einen entsprechenden Wert auf Y zu – und zwar genau so, dass alle Werte auf einer Gerade liegen würden. Weicht ein Datenpunkt von dieser Gerade ab (siehe den gebogenen Pfeil in Abbildung 4.10), so ist diese Abweichung nicht durch die Korrelation zu erklären. Rechnerisch hat das zur Folge, dass die Gesamtstreuung $s_x s_y$ größer geworden ist (weil die Streuung s_y angewachsen ist), diese Vergrößerung der Gesamtstreuung aber nicht durch eine entsprechend größere Kovarianz erklärt werden kann. Die Kovarianz (über dem Bruchstrich) bleibt damit kleiner als die Gesamt-streuung (unter dem Bruchstrich) und der Korrelationskoeffizient sinkt unter 1. Damit wird allgemein deutlich: je mehr die Werte der Punktewolke von einer Gerade abweichen, desto kleiner wird der Korrelationskoeffizient. In Abbildung 4.11 sind verschiedene Beispiele dargestellt, in denen die Punkte mehr oder weniger von einer Gerade abweichen, was einen entsprechend großen oder kleinen Korrelationskoeffizienten zur Folge hat.

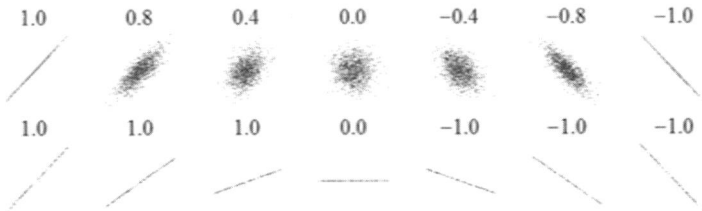

Abbildung 4.11: Beispiele für Punktewolken, die mehr oder weniger stark von einer Gerade abweichen, und deren Korrelationskoeffizienten

Anhand der Abbildung sieht man auch noch einmal, dass sich die Punkte-wolke entsprechend so stark von einer Gerade entfernen kann, dass ein Kreis entsteht und die Korrelation damit auf 0 sinkt. Außerdem zeigt die Ab-bildung, dass der Anstieg der Gerade, auf der die Datenpunkte liegen, für die Größe der Korrelation nicht von Bedeutung ist! Der Anstieg ist aus-schließlich von der Skalierung der Variablen abhängig. Er darf nur nicht 0 sein, also eine waagerechte Linie bilden, da die Werte auf Y dann keinerlei Varianz mehr aufweisen und folglich auch keine Korrelation möglich ist.

Wie kann es nun dazu kommen, dass die Werte von einer Geraden ab-weichen? Der einfachste Fall ist natürlich der, dass es keine Korrelation zwischen den beiden Variablen gibt. Dann sollten die Werte in etwa einen Kreis bilden. Falls die Variablen aber korrelieren und dennoch nicht auf einer Geraden liegen, müssen wir uns fragen, wie Varianzen an sich zustande kommen. Anders gefragt: was kann dazu führen, dass der Punkt in Abbildung 4.10 einen zu großen Wert auf Y aufweist? Zwei Möglichkeiten kommen dafür in Frage. Die eine hatten wir schon einmal angesprochen: wenn wir Daten erheben, dann gelingen uns die Messungen meist nicht hundertprozentig fehlerfrei. Messinstrumente wie Fragebögen und Tests sind fehleranfällig. Außerdem haben wir es immer mit Menschen zu tun, die in ihrem Empfinden und Verhalten nicht immer konsistent sind und vielleicht heute ein wenig andere Angaben machen als morgen oder einfach ein Kreuz an eine falsche Stelle setzen. Kurz gesagt: wir machen Fehler bei der Messung von Variablen. Solche Messfehler führen natürlich zu einer Varianz in unseren Daten, die wir nicht ganz ausschalten können und die natürlich nicht rechnerisch „erklärbar" ist. Die Messfehler führen dazu, dass wir in der Regel nie Korrelationen von 1 vorfinden.

Die andere Möglichkeit, wie sich die Varianz einer Variable vergrößern kann, ist, dass sie nicht nur mit einer Variable korreliert, sondern mit mehreren. Wenn eine Variable von vielen anderen Variablen abhängig ist, dann ändern sich ihre Werte also immer, wenn sich in irgendeiner dieser anderen Variablen etwas ändert. Für unser Beispiel heißt das, dass der Schulerfolg eventuell nicht nur von der Intelligenz abhängt, sondern von noch einer anderen Variable, die wir vielleicht gar nicht kennen. Diese andere Variable kann dazu führen, dass der Datenpunkt – einfach ausgedrückt – nicht da liegt, wo er liegen sollte, wenn es nur die Intelligenz als alleinige Erklärung gäbe. In der Psychologie ist es praktisch immer der Fall, dass Variablen mit einer Vielzahl von anderen Variablen einen Zusammenhang aufweisen. Erleben und Verhalten sind so komplex und in ein Zusammenspiel vielfältiger Mechanismen und Regelkreise eingebunden, dass einfache Zusammenhänge zwischen nur zwei Variablen relativ selten sind. Das ist der Grund dafür, warum wir nicht nur keine perfekten Zusammenhänge finden, sondern dass wir in aller Regel Zusammenhänge vorfinden, die mit einer Korrelation von deutlich kleineren Werten als 1 (bzw. -1) einhergehen. Typischerweise werden unsere Daten also Punktewolken zeigen, in denen man eine Korrelation nicht immer auf den ersten Blick sehen kann und die dann entsprechend mit kleinen bis mittleren Korrelationskoeffizienten einhergehen.

Das bringt uns zu der Frage, was eine große und was eine kleine Korrelation ist. Diese Frage ist pauschal schwer zu beantworten, da sie sehr stark vom jeweiligen inhaltlichen Gebiet abhängt. Normalerweise müsste man sich für diejenige Fragestellung, die man gerade untersucht, die Forschungsliteratur anschauen und prüfen, wie groß die dort gefundenen Korrelationen im Durchschnitt sind. Dann kann man die Korrelation, die man in seiner eigenen Studie gefunden hat, damit vergleichen. Da das aber oft ein schwieriger Weg ist und Menschen immer gern mit Faustregeln arbeiten, gibt es die natürlich auch. Sie wurden von Cohen (1988) formuliert und basieren auf durchschnittlichen Korrelationen, die sich in der Forschung finden ließen. Sie sind in der folgenden Tabelle wiedergegeben.

Tabelle 4.3: Konvention für die Interpretation von Korrelationen (nach Cohen, 1988)

R	Interpretation
ab .1 oder -.1	„kleiner" Effekt
ab .3 oder-.3	„mittlerer" Effekt
ab .5 oder -.5	„großer" Effekt

Wie gesagt, gibt diese Konvention nur eine Faustregel wieder. Je nach Fragestellung kann auch eine Korrelation von .1 sehr interessant und aussagekräftig sein, während in einem anderen Fall erst eine Korrelation von .8 als interessant gilt. Im Übrigen sieht man hier, dass beim Korrelationskoeffizienten in der Regel die 0 vor dem Komma weggelassen wird. Man liest den Wert dann z.B. „Punkt 1" oder „minus Punkt 5".

Voraussetzungen für die Berechnung von Korrelationen

Wie Sie vielleicht schon bemerkt haben, wurden in allen Beispielen, die wir zur Berechnung der Korrelation verwendet haben, intervallskalierte Daten verwendet. Das ist eine wichtige Voraussetzung zur Berechnung der Pearson-Korrelation: beide Variablen müssen Intervallskalenniveau aufweisen. Liegen die Daten auf Nominal- oder Ordinalskalenniveau vor, muss man andere Korrelationskoeffizienten benutzen (Phi-Koeffizient, Rangkorrelationen). Neben intervallskalierten Daten gibt es eine weitere Voraussetzung für die Berechnung von Korrelationen, die wir schon besprochen haben. Die Daten müssen in einem linearen Zusammenhang stehen. Ob das der Fall ist, kann man leicht mit Hilfe eines Streudiagramms prüfen. Das Streudiagramm ist auch dazu da, Ausreißer in den Daten zu entdecken und diese gegebenenfalls aus den Daten zu entfernen. Das Streudiagramm sollte man sich daher immer vor der Berechnung einer Korrelation anschauen. Denn natürlich kann man auch für nicht-lineare Daten eine Korrelation berechnen. Nur ist diese dann nicht sinnvoll interpretierbar, weil die Formel für die Korrelation immer „blind" einen linearen Zusammenhang unterstellt.

Korrelation und Kausalität

Wir haben mit Hilfe der Korrelation die Enge oder Stärke des Zusammenhangs zweier Variablen beschrieben. Wenn es einen solchen Zusammenhang gibt, verleitet der natürlich zu der Annahme, dass sich beide Variablen kausal bedingen, die eine Variable also die andere hervorruft. Diese Interpretation gilt allerdings nur statistisch, nicht inhaltlich.

> Korrelationen lassen keine Schlüsse darüber zu, ob es einen Kausalzusammenhang zwischen Variablen gibt.

Warum das so ist, haben wir schon beim Anliegen von Experimenten diskutiert. Wenn zwei Variablen X und Y einen Zusammenhang aufweisen, kann es mindestens drei kausale Erklärungen geben: X ruft Y hervor, Y ruft X hervor oder der Zusammenhang zwischen X und Y wird durch eine dritte Variable Z verursacht. Im letzten Fall sprechen wir von sogenannten *Scheinkorrelationen*. So kann man z.B. beobachten, dass in Jahren, in denen es relativ viele Klapperstörche gab, auch die Anzahl von Babies zunimmt. Beide Variablen würden also hoch miteinander korrelieren (und sich statistisch bedingen). Allerdings haben sie inhaltlich nichts miteinander zu tun. Stattdessen liegt eine Drittvariable hinter diesem Zusammenhang: die Anzahl der Regentage. Wenn es mehr regnet, gibt es tendenziell mehr Klapperstörche, und warum es mehr Babies gibt, wenn es ständig regnet, können Sie sich sicher denken. Störche und Babies stehen also nur scheinbar in einer kausalen Beziehung.

Es ließen sich unzählige weitere Beispiele finden, und sie alle zeigen, dass man mit Korrelationen nur die Stärke des statistischen Zusammenhangs beschreiben kann, aber nichts über die Kausalität erfährt. Ob Kausalität vorliegt, muss letztendlich theoretisch entschieden werden. Der Sinn von Experimenten war es ja, Situationen herzustellen, in denen ein gefundener Effekt (also ein Zusammenhang oder ein Unterschied) kausal auf die Manipulation der UV zurückgeführt werden kann. Aus experimentell gewonnenen Daten berechnete Korrelationen lassen also Kausalschlüsse zu. Daraus erklärt sich die große Wichtigkeit von Experimenten für die Forschung.

4.3 Vorhersagen machen: die Regression

Von der Korrelation zur Regression

Wie wir schon anhand der Geschichte gesehen haben – denken Sie an Galton und Pearson – sind Korrelation und Regression so eng miteinander verknüpft, dass sie sich statistisch gesehen sehr schwer trennen lassen. Dennoch werden sie inhaltlich für etwas andere Fragestellungen benutzt. Wir wollen uns der Regression nun genauer zuwenden, werden aber sehen, dass sie untrennbar mit der Korrelation verbunden ist. Mit Hilfe der Korrelation ist es uns möglich, Zusammenhänge zwischen zwei Variablen aufzudecken und quantitativ zu beschreiben. Und die Idee der Regression ist dabei schon angeklungen: Wenn wir wissen, dass zwei Variablen korrelieren, dann können wir die Werte einer Variable benutzen, um die Werte auf der anderen vorherzusagen. Diese Idee der Vorhersage ist der Grundgedanke der *Regression*.

> Die Regression ist eine Vorhersageanalyse. Sie macht sich die Korrelation von Variablen zunutze, um die Werte der einen Variable aus den Werten der anderen Variable vorherzusagen (zu schätzen). Die vorhersagende Variable wird dabei als *Prädiktor*, die vorhergesagte Variable als *Kriterium* bezeichnet.

Die Regressionsgerade

Wenn wir die Werte von Y durch die Werte von X vorhersagen wollen, dann
brauchen wir eine Gerade, die jedem Punkt auf X einen Punkt auf Y zu-
ordnet. Eine solche Regressionsgerade ist wie jede andere Gerade auch durch
zwei Größen bestimmt, nämlich ihren Schnittpunkt mit der Y-Achse und
ihren Anstieg:

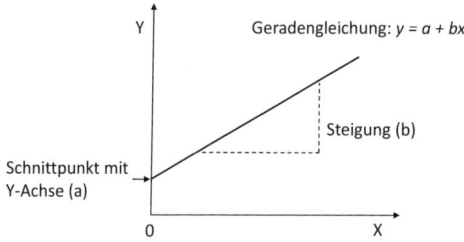

Abbildung 4.12: Geradengleichung

Bei der Korrelation hatten wir schon oft von einer solchen Geraden gesprochen. Es ist diejenige Gerade, um die sich die Punkte der Punktewolke
konzentrieren. Aber wie kommen wir zu dieser Gerade? Sie sollte so in die
Punktewolke gelegt werden, dass sie diese bestmöglich repräsentiert. Das tut
sie dann, wenn *alle Punkte im Durchschnitt* möglichst wenig von der Gerade
abweichen. Rechnerisch heißt das, dass wir für jeden Datenpunkt den Abstand zur Gerade bestimmen, diesen quadrieren (damit sich positive und
negative Abstände nicht ausgleichen) und all diese Abstände aufsummieren
müssen (siehe Abbildung 4.13).

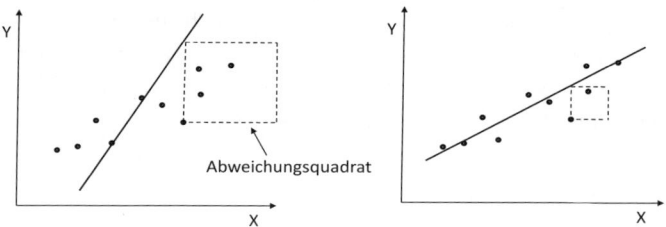

Abbildung 4.13: Bestimmung der Regressionsgerade

Wir haben hier einen beliebigen Punkt beispielhaft herausgepickt. Auf der linken Seite haben wir eine Gerade beliebig in die Punktewolke gelegt. Der Punkt hat einen bestimmten Abstand von der Gerade – dieser Abstand zur Gerade wird immer vertikal gemessen und anschließend quadriert. Es entsteht das *Abweichungsquadrat*. Ein solches Quadrat wird nun für jeden einzelnen Punkt berechnet. Alle Quadrate werden aufsummiert zur sogenannten *Quadratsumme*. Auf der rechten Seite liegt die Gerade anders in der Punktewolke, und wie wir sehen, wird die Quadratsumme kleiner. Das heißt, von dieser Gerade weichen die Daten im Durchschnitt weniger ab. Sie kann also die Punktewolke besser repräsentieren. Wir suchen schließlich nach derjenigen Gerade, für die die Quadratsumme am kleinsten ist.

Die Gerade, die die kleinste Quadratsumme erzeugt, wird durch zwei Werte gekennzeichnet: Schnittpunkt mit der Y-Achse (a) und Anstieg (b). Durch diese beiden Werte ist es nun möglich, für jeden Wert auf X den entsprechenden Wert auf Y zu berechnen. Diese Berechnung führt zu einem *Vorhersagewert* bzw. *Schätzwert* für Y. Diese Schätzung gelingt nun mehr oder weniger gut – je nachdem, wie dicht die Daten tatsächlich an der Gerade liegen. Sehen wir uns das wieder genauer an.

Vorhersage und Vorhersagefehler

Kommen wir noch einmal zu unserem Beispiel zurück, bei dem wir den Zusammenhang von Intelligenz und Schulerfolg untersucht haben. Da die beiden Variablen korrelieren, können wir den Schulerfolg durch die Intelligenz vorhersagen. Nehmen wir an, wir hätten anhand von fünf Personen die folgende Gerade ermittelt:

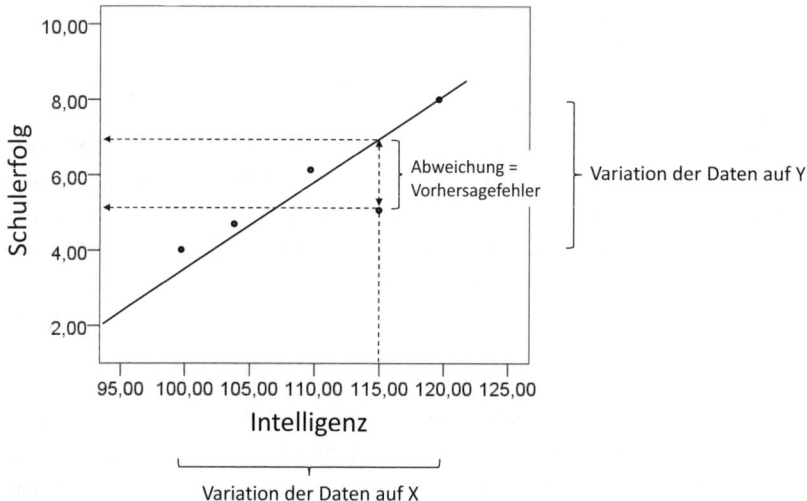

Abbildung 4.14: Vorhersage und Vorhersagefehler bei der Regressionsgerade

Die Gerade weist jedem Wert auf X einen Wert auf Y zu. Das gelingt aber nur dann exakt, wenn jeder Punkt genau auf der Gerade liegt. In der Abbildung ist ein Punkt herausgegriffen, der um einen gewissen Betrag von der Linie abweicht. Dieser „echte" Datenpunkt hat einen Wert auf X von 115 und einen Wert auf Y von 5. Die Regressionsgerade hingegen ordnet dem Wert 115 einen anderen Wert auf Y zu, nämlich 7. Der Punkt weicht also um 2 Y-Einheiten von der Gerade ab. Diese Abweichung können wir als *Vorhersagefehler* bezeichnen, da sie die Differenz zwischen vorhergesagtem und echtem Y-Wert beschreibt. Mit anderen Worten: diese Abweichung ist durch die Regression von Y auf X *nicht erklärbar*. Der Vorhersagefehler wird daher als *Residuum* oder *Residualwert* bezeichnet. Residuum (lateinisch *übrig bleiben*) deshalb, weil es sich hier um einen verbleibenden Fehler handelt, der nach der Schätzung von Y durch X durch die Regression übrig bleibt.

Vielleicht stellen Sie sich jetzt die Frage, warum das überhaupt wichtig ist. Schließlich haben wir doch die fünf Datenpunkte vor uns und können die echten Y-Werte einfach ablesen. Das stimmt – allerdings nur für diese fünf Punkte. Der eigentliche Sinn der Regressionsrechnung besteht aber darin, Schätzungen für alle möglichen X-Werte (also für unbekannte Personen) zu

machen. Das geschieht durch die Geradengleichung. Wollen wir beispielsweise dem Intelligenzwert 95 einen Wert auf der Variable Schulerfolg zuordnen, so müssen wir diesen Wert genau auf der Gerade ablesen. Die
Gerade ist die beste Schätzung für die Vorhersage von Y-Werten. Das ist sie
deshalb, weil sie – anhand der echten Daten, die wir in einer Studie gesammelt haben – so konstruiert ist, dass sie alle Punkte im Durchschnitt
bestmöglich repräsentiert.

Der entscheidende Punkt ist nun der, dass wir bei einer solchen Vorhersage einen gewissen Fehler machen. Es kann zwar sein, dass bei einem X-
Wert von 95 der entsprechende echte Y-Wert genau auf der Geraden liegt.
Aber das wissen wir nicht. Die wenigen Daten, die wir tatsächlich haben,
liegen jedenfalls im Durchschnitt alle etwas von der Gerade entfernt. Es ist
daher davon auszugehen, dass auch alle Werte, die wir vorhersagen wollen,
mit einem solchen Vorhersagefehler behaftet sein werden. Einen solchen
Schätzfehler müssen wir also annehmen, wenn wir mit Hilfe der Regression
einen beliebigen Wert vorhersagen wollen. Der Fehler führt dazu, dass die
Vorhersage ungenau ist. Daher sprechen wir auch von einer *Schätzung* von Y.
Wenn eine Variable geschätzt wird, so macht man das dadurch deutlich, dass
man über die Variable ein Dach (^) setzt. Die Regressionsgleichung hat damit
die allgemeine Form: $\hat{y} = a + bx$. Wie es zu dem Fehler kommt, haben wir
schon besprochen: er kann durch einen Messfehler zustande kommen oder
durch andere Variablen, die ebenfalls einen Einfluss auf Y ausüben. Je größer
der Fehler, desto mehr streuen die Datenpunkte um die Regressionsgerade.

Das Problem an diesem Fehler ist, dass wir bei einem konkreten vorher-
gesagten Wert nicht wissen, wie groß er ist. Wir können zwar den durchschnittlichen Schätzfehler berechnen (er entspricht der Quadratsumme geteilt
durch *N*), aber das ist sozusagen ein genereller (durchschnittlicher) Fehler,
den man beim Schätzen macht. Er kann außerdem nach oben oder unten von
der Regressionsgerade abweichen. Kurzum: für einen konkret zu schätzen-
den Y-Wert kennen wir den Fehler nicht.

Die beiden Anwendungsfelder der Regression

Was hat das Ganze nun praktisch zu bedeuten? Wir müssen uns fragen, was
wir mit Hilfe der Regression erreichen wollen. Das sind zwei Dinge. Der
erste Fall ist der, den wir die ganze Zeit betrachtet haben: Wir nutzen die

Regression, um konkrete Werte einer Variable vorherzusagen. Das heißt, wir haben anhand einer Stichprobe ein paar Daten gesammelt und mit Hilfe dieser Daten eine Regressionsgleichung bestimmt. Diese können wir nun benutzen, um die Werte einer Variable vorherzusagen (z.b. Schulerfolg), wenn wir die Werte einer anderen Variable kennen (z.b. Intelligenz). Das können wir für alle möglichen Personen mit allen möglichen Werten auf X tun. In diese Vorhersage bzw. Schätzung können wir umso mehr vertrauen, je dichter die Datenpunkte, die uns zur Regressionsgleichung geführt hatten, an einer Gerade lagen.

Sie sehen daran, dass wir mit diesem Vorgehen eigentlich schon einen wesentlichen Schritt weiter gegangen sind – wir stellen nämlich Schätzungen an für Personen, die wir in unserer Stichprobe gar nicht untersucht haben. Mit anderen Worten: wir schätzen Werte für eine Population auf der Grundlage von Stichprobenergebnissen. Und wir wollen wissen, wie sehr wir dieser Schätzung vertrauen können. Das ist bereits die klassische Fragestellung der Inferenzstatistik, auf die die Regression hier vorgreift.

Nun ist es aber in der Forschung relativ selten der Fall, dass wir für konkrete Personen Vorhersagen machen wollen, die wir in unserer Studie gar nicht untersucht haben. Das wäre eher eine praktische Anwendung. Stattdessen sind Forscher an Mechanismen und kausalen Zusammenhängen interessiert, und zwar theoretisch. Um an unserem Beispiel zu bleiben: wir würden uns lediglich dafür interessieren, wie Intelligenz und Schulerfolg theoretisch zusammenhängen und sich das eine aus dem anderen vorhersagen lässt. Mit anderen Worten: wir benötigen die Regressionsgleichung gar nicht, weil wir keine konkreten Werte vorhersagen wollen. Wir sind lediglich an der Enge des Zusammenhangs und an der Güte der Vorhersage interessiert.

Die Enge des Zusammenhangs zweier Variablen haben wir durch den Korrelationskoeffizienten r bereits beschrieben. Nun brauchen wir noch ein Maß dafür, wie gut die Vorhersage von Y durch X gelingen kann. Dieses Maß soll angeben, wie viel Varianz in Y durch X aufgeklärt werden kann. Dieses Maß für die Varianzaufklärung stellt das wichtigste Ergebnis der Regressionsrechnung für den Forscher dar. Es ist relativ einfach zu bestimmen, wie wir jetzt sehen werden.

Der Determinationskoeffizient r^2

Die Vorhersage von Y durch X gelingt natürlich umso besser, je größer die Korrelation zwischen X und Y ist. Die Information der Varianzaufklärung steckt also schon im Koeffizienten r drin. Er muss lediglich quadriert werden. Das Ergebnis ist der Determinationskoeffizient r^2, der angibt, wie genau Y durch X bedingt (determiniert) wird. Inhaltlich sagt der Determinationskoeffizient aus, wie viel Prozent der Varianz von Y durch X erklärt wird. Dazu muss er nur mit 100 multipliziert werden. Nehmen wir an, wir hätten durch die Datenpunkte in Abbildung 4.14 einen Korrelationskoeffizienten von $r = .8$ gefunden. Das wäre ein relativ starker Zusammenhang. Der Determinationskoeffizient beträgt dann $r^2 = .64$. Das entspricht einer Varianzaufklärung von 64%. Das heißt also, dass ungefähr zwei Drittel der Varianz von Schulerfolg durch die Intelligenz aufgeklärt werden. Die restliche Variation im Merkmal Schulerfolg (also 36%) geht auf Messfehler und auf andere Einflussvariablen zurück, die in unserer Studie nicht untersucht wurden. Eine Varianzaufklärung von 64% ist schon sehr gut. Man kann nun sagen, dass X ein sehr guter *Prädiktor* für Y ist. Wie wir wissen, kann r höchstens 1 bzw. -1 sein und damit r^2 ebenfalls höchstens 1, was einer Varianzaufklärung von 100% entspricht. Das ist wieder genau dann der Fall, wenn alle Punkte auf einer Gerade liegen.

Der Determinationskoeffizient r^2 gibt das Ausmaß der Varianzaufklärung einer Variable Y durch eine Variable X an. Er kann maximal 1 betragen, was einer Varianzaufklärung von 100% entspricht.

Wie erwähnt, sind wir in der Forschung in der Regel am Determinationskoeffizienten r^2 interessiert, da er uns das Ausmaß der Varianzaufklärung angibt – und bekanntlich sind wir immer an der Erklärung von Varianz interessiert.

Der Determinationskoeffizient steht natürlich in direkter Beziehung zum oben diskutierten Schätzfehler bzw. zu den Residuen. Ein großer Determinationskoeffizient weist auf einen kleinen Schätzfehler hin und damit auf kleine Residuen. Ist $r^2 = 1$, dann ist der Schätzfehler 0 und es gibt keine Residuen.

Wenn man Korrelationen mit Hilfe von Statistiksoftware darstellt, kann man sich im Streudiagramm immer die Regressionsgerade und den zugehörigen Determinationskoeffizienten anzeigen lassen.

Literatur

Aron, A., Aron, E. N., and Coups, E. J. (2008). *Statistics for Psychology*. Upper Saddle River: Prentice Hall.

Bühner, M. und Ziegler, M. (2009). *Statistik für Psychologen und Sozialwissenschaftler*. München: Pearson.

Bunge, M. und Ardila, R. (1990). *Philosophie der Psychologie*. Tübingen: Mohr.

Cohen, J. (1988). *Statistical power analysis for the behavioral sciences* (2nd ed.). Hillsdale, NJ: Lawrence Erlbaum Associates.

Herzog, W. (in Vorbereitung). *Wissenschafts- und erkenntnistheoretische Grundlagen der Psychologie*. Wiesbaden: VS Verlag für Sozialwissenschaften.

Huber, O. (2005). *Das psychologische Experiment: Eine Einführung* (4. Aufl.). Bern: Huber.

Kriz, Jürgen & Lisch, Ralf (1988). *Methodenlexikon für Mediziner, Psychologen, Soziologen*. München: Psychologie Verlags Union.

Pospeschill, M. (2006). *Statistische Methoden*. München: Spektrum.

Schäfer, T. (in Vorbereitung). *Statistik II: Inferenzstatistik*. Wiesbaden: VS Verlag für Sozialwissenschaften.

Sedlmeier, P. und Renkewitz, F. (2007). *Forschungsmethoden und Statistik in der Psychologie*. München: Pearson.

Westermann, R. (2000). *Wissenschaftstheorie und Experimentalmethodik*. Göttingen: Hogrefe.

Sedlmeier, P. & Köhlers, D. (2001). *Wahrscheinlichkeiten im Alltag: Statistik ohne Formeln*. Braunschweig: Westermann.

Glossar

Boxplot; 69, 99, 100-104, 106: Ein Boxplot ist eine Form der grafischen Darstellung von Daten. Es bildet die Verteilung einer einzelnen Variablen ab. Im Boxplot sind Median und Interquartilsabstand abgetragen. Es bietet eine gute Möglichkeit, die Rohdaten unverzerrt darzustellen und Ausreißer zu identifizieren. Das Boxplot ist Teil der explorativen Datenanalyse.

Deskriptive Statistik; 43, 59, 60, 82, 99, 104: Die deskriptive Statistik vereint alle Methoden, mit denen empirische Daten zusammenfassend dargestellt und beschrieben werden können. Dazu dienen Kennwerte, Grafiken und Tabellen.

Determinationskoeffizient; 127-128: Der Determinationskoeffizient r^2 gibt das Ausmaß der Varianzaufklärung einer Variable Y durch eine Variable X an. Er kann maximal 1 betragen, was einer Varianzaufklärung von 100% entspricht.

Experiment; 15, 31-32, 34, 46-57, 59, 82, 84, 88, 120, 121: Experimente sind künstliche Eingriffe in die natürliche Welt mit dem Ziel, systematische Veränderungen in einer unabhängigen Variable (UV) herzustellen, die ursächlich zu einer Veränderung in einer abhängigen Variable (AV) führen sollen. Alternativerklärungen werden dabei ausgeschlossen.

Explorative Statistik; 43, 60, 78, 99: Die explorative Datenanalyse untersucht die Daten mit Hilfe geeigneter Darstellungen und Berechnungen nach Mustern oder Zusammenhängen.

Gesetz der großen Zahl; 85-88: Das Gesetz der großen Zahl beschreibt folgenden Zusammenhang: Je größer eine Stichprobe ist, desto stärker nähert sich die Verteilung der erhaltenen Daten der wahren Verteilung in der Population an.

Korrelation; 108-112, 114-122, 126-128: Die Korrelation repräsentiert das Ausmaß des linearen Zusammenhangs zweier Variablen. Man spricht auch von einem bivariaten Zusammenhang bzw. von einer bivariaten Korrelation. Die Größe des Zusammenhangs wird in standardisierter Form ausgedrückt, ist daher unabhängig von der ursprünglichen Skalierung der Variablen und kann Werte zwischen -1 und +1 annehmen. Man erhält die Korrelation durch Standardisierung der Kovarianz.

Kovarianz; 112-114, 117: Die Kovarianz gibt die Größe des Zusammenhangs zweier Variablen in deren natürlicher Maßeinheit an, also nicht in standardisierter Form. Sie beschreibt das Ausmaß, in welchem zwei Variablen gemeinsam variieren.

Latente Variablen (Konstrukte); 29-30: Variablen, die man nicht direkt messen kann, sondern erst mithilfe anderer Variablen erschließen muss, heißen latente Variablen.

Manifeste Variablen; 29-30, 32: Variablen, die man direkt messen kann, heißen manifeste Variablen.

Median; 66-71, 73, 77-78, 99-104: Der Median ist ein Maß zur Beschreibung der Lage einer Verteilung. Er ergibt sich, wenn man alle Werte einer Verteilung der Größe nach aufschreibt und den Wert sucht, der genau in der Mitte steht. Liegt die Mitte zwischen zwei Werten, so wird von diesen beiden Werten der Mittelwert gebildet.

Messen; 18, 24-30, 33-38, 44, 57, 60-61, 64, 69, 72, 75, 82, 91, 94-95, 101, 106, 113-114, 123: Messen besteht im Zuordnen von Zahlen zu Objekten, Phänomenen oder Ereignissen – und zwar so, dass die Beziehungen zwischen den Zahlen die analogen Beziehungen der Objekte, Phänomene oder Ereignisse repräsentieren.

Mittelwert; 36-38, 67-69, 71-76, 78-90, 92-97, 99, 103-104, 112-116: Der Mittelwert (auch arithmetisches Mittel, Durchschnitt, Mean genannt) ist ein Maß zur Beschreibung der Lage einer Verteilung. Er ist die Summe aller Einzelwerte der Daten, geteilt durch die Anzahl dieser Werte.

Modus (Modalwert); 65-66: Der Modalwert ist ein Maß zur Beschreibung der

Lage einer Verteilung. Er gibt diejenige Merkmalsausprägung an, die am häufigsten vorkommt.

Normalverteilung; 93-94: Die Normalverteilung ist die Form, mit der sich die Verteilung vieler Merkmale (sowohl physiologische als auch mentale Merkmale) beschreiben lässt. Diese Verteilungsform ist symmetrisch und ähnelt einer Glocke, weshalb sie als Gauss'sche Glocke bezeichnet wird.

Operationalisierung; 18, 23, 25, 30: Die Operationalisierung gibt die Art und Weise an, wie ein Begriff oder eine psychologische Größe definiert, beobachtet und gemessen werden soll.

Quasiexperiment; 54-55: Quasiexperimente sind Experimente, bei denen die Gruppeneinteilung von Natur aus vorgegeben und daher keine Randomisierung möglich ist.

Randomisierung; 53-55: Bei der Randomisierung werden die Versuchspersonen zufällig den verschiedenen Versuchsbedingungen (z.B. den Gruppen eines Experimentes) zugeteilt.

Regression; 59, 114-115, 121-122, 124-126, 128: Die Regression ist eine Vorhersageanalyse. Sie macht sich die Korrelation von Variablen zunutze, um die Werte der einen Variablen aus den Werten der anderen Variable vorherzusagen (zu schätzen). Die vorhersagende Variable wird dabei als Prädiktor, die vorhergesagte Variable als Kriterium bezeichnet.

Skala; 25, 28, 33-40, 61-62, 75, 79, 81, 91, 95, 107, 113-114: Der Begriff „Skala" beschreibt die Beschaffenheit des empirischen und des numerischen Relativs sowie eine Abbildungsfunktion, die die beiden verbindet. Dabei geht es um die Frage, wie das, was durch das empirische Relativ erfasst wird, durch ein numerisches Relativ (also durch Zahlen) sinnvoll repräsentiert werden kann.

Stamm-und-Blatt-Diagramm; 99, 102, 105-106: Ein Stamm-und-Blatt-Diagramm ist eine Form der grafischen Darstellung von Daten. Es bildet die Verteilungen einer einzelnen Variablen mit allen Rohwerten ab. Da jede Person in der Abbildung mit ihrem konkreten Wert auftaucht, gibt es keinerlei Informationsverlust. Es dient zum Erkennen von schiefen oder untypischen Verteilungen. Das Stamm-und-Blatt-Diagramm ist Teil der explorativen Datenanalyse.

Standardabweichung; 78-81, 85, 89-90, 95-96, 103-104, 114: Die Standardabweichung s (oder auch SD für standard deviation) ist ein Maß zur Beschreibung der Streuung einer Verteilung. Sie ist die Wurzel aus der Varianz.

Standardnormalverteilung; 95-97: Z-Werte verteilen sich immer in einer ganz bestimmten Form, die als Standardnormalverteilung (z-Verteilung) bezeichnet wird. Sie ist durch die Form der Glockenkurve (Normalverteilung) gekennzeichnet und besitzt stets einen Mittelwert von 0 sowie eine Standardabweichung von 1.

Streudiagramm (Scatterplot); 99, 106-109, 111, 113, 120, 128: Das Streudiagramm ist eine Form der grafischen Darstellung von Zusammenhängen zwischen zwei Variablen. Im Streudiagramm ist jede Person durch einen Punkt vertreten und zwar an der Stelle, wo sich ihre Werte auf beiden Variablen kreuzen. Alle Punkte zusammen – egal welches Muster sie aufweisen – bilden die Punktewolke. Das Streudiagramm ist Teil der explorativen Datenanalyse.

Testen; 27, 39, 44: Unter dem Begriff „Testen" versteht man die Untersuchung von Merkmalen einer Person. Mithilfe einer Zusammenstellung von Fragen (Items) sollen dabei die individuellen Merkmalsausprägungen möglichst quantitativ erfasst werden.

Variable; 27-35, 47-54, 56, 64, 68-69, 106-121, 123, 125-127: „Variable" ist eine Bezeichnung für eine Menge von Merkmalsausprägungen, wobei es mindestens zwei Ausprägungen geben muss.

Varianz; 78-85, 112-118, 126-127: Die Varianz s^2 ist ein Maß zur Beschreibung der Streuung einer Verteilung. Sie ist die durchschnittliche quadrierte Abweichung aller Werte von ihrem gemeinsamen Mittelwert.

Wissenschaftstheorie; 14, 15: Die Wissenschaftstheorie beschäftigt sich mit unterschiedlichen Weltbildern, deren verschiedenen Auffassungen über die Fähigkeit der Wissenschaft die Wahrheit aufzudecken, sowie den damit verbundenen Herangehensweisen an wissenschaftliche Fragestellungen.

z-Standardisierung; 94-95, 97: Mit Hilfe
der z–Standardisierung lassen sich Messwerte von verschiedenen Skalen bzw.
aus verschiedenen Stichproben vergleichbar machen, indem alle Ergebnisse auf
eine einheitliche standardisierte z-Skala
transformiert (umgerechnet) werden. Jedem Rohwert wird ein z-Wert zugeordnet, indem man vom Rohwert den Mittelwert aller Werte abzieht und die Differenz anschließend an der Streuung
aller Rohwerte standardisiert.

Basiswissen Psychologie

Herausgegeben von Jürgen Kriz

Ralf Brand
Sportpsychologie
2010. ca. 120 S. Br. ca. EUR 12,90
ISBN 978-3-531-16699-5

Mark Helle
Psychotherapie und Beratung
2010. ca. 120 S. Br. ca. EUR 12,95
ISBN 978-3-531-16709-1

Margarete Imhof
**Psychologie für
Lehramtsstudierende**
2010. 152 S. Br. EUR 12,95
ISBN 978-3-531-16705-3

Thomas Kessler / Immo Fritsche
Sozialpsychologie
2010. ca. 120 S. Br. ca. EUR 14,90
ISBN 978-3-531-17126-5

Bernd Marcus
**Einführung in die Arbeits-
und Organisationspsychologie**
2010. ca. 120 S. Br. ca. EUR 12,90
ISBN 978-3-531-16724-4

Klaus Rothermund / Andreas Eder
Motivation und Emotion
2010. ca. 120 S. Br. ca. EUR 14,90
ISBN 978-3-531-16698-8

Karl-Heinz Renner / Gerhard Ströhlein /
Timo Heydasch
**Forschungsmethoden
der Psychologie**
Von der Fragestellung zur Präsentation
2010. ca. 120 S. Br. ca. EUR 12,90
ISBN 978-3-531-16729-9

Erich Schröger
Biologische Psychologie
2010. ca. 120 S. Br. ca. EUR 12,95
ISBN 978-3-531-16706-0

Thomas Schäfer
Statistik I
Deskriptive und Explorative Datenanalyse
2010. ca. 140 S. Br. ca. EUR 14,90
ISBN 978-3-531-16939-2

Dirk Wentura / Christian Frings
Kognitive Psychologie
2010. ca. 120 S. Br. ca. EUR 12,95
ISBN 978-3-531-16697-1

Matthias Ziegler / Markus Bühner
**Grundlagen der
Psychologischen Diagnostik**
2010. ca. 120 S. Br. ca. EUR 14,90
ISBN 978-3-531-16710-7

Erhältlich im Buchhandel oder beim Verlag.
Änderungen vorbehalten. Stand: Januar 2010.

www.vs-verlag.de

VS VERLAG FÜR SOZIALWISSENSCHAFTEN

Abraham-Lincoln-Straße 46
65189 Wiesbaden
Tel. 0611.7878-722
Fax 0611.7878-400

Methoden

Christian Geiser

Datenanalyse mit Mplus
(Arbeitstitel)
Eine anwendungsorientierte Einführung

2010. ca. 350 S. mit 100 Abb. und
CD-Rom. Br. ca. EUR 29,95
ISBN 978-3-531-16393-2

Das Analyseprogramm Mplus erfreut sich als eines der aktuellsten, flexibelsten und anwenderfreundlichsten Statistikprogramme zunehmender Beliebtheit. Praxisnah, mit zahlreichen Beispielen, Probedatensätzen und Abbildungen führt der Autor Schritt für Schritt in die Grundlagen der Handhabung von Mplus ein und beschreibt die Anwendung grundlegender Analyseverfahren.

Christian Geiser / Claudia Crayen

Datenanalyse mit Mplus
für Fortgeschrittene
(Arbeitstitel)
2011. ca. 300 S. Br. ca. EUR 29,90
ISBN 978-3-531-16604-9

Der zweite Band von „Datenanalyse mit Mplus" wendet sich an fortgeschrittene Anwender, die über solides statistisches Hintergrundwissen und erste Mplus-Kenntnisse verfügen.

Günter Mey / Katja Mruck (Hrsg.)

Handbuch
Qualitative Forschung
in der Psychologie
(Arbeitstitel)
2010. ca. 1000 S. Geb. ca. EUR 59,90
ISBN 978-3-531-16726-8

Namhafte Experten setzen Psychologie und Qualitative Forschung in Beziehung, beschreiben ihre Methoden und Herangehensweisen und liefern so einen lückenlosen Überblick über den Stand der qualitativen psychologischen Forschung im deutschsprachigen Raum.

Karl-Heinz Renner / Gerhard Ströhlein / Timo Heydasch

Forschungsmethoden
der Psychologie
(Arbeitstitel)
Von der Fragestellung zur Präsentation
2010. ca. 120 S. (Basiswissen Psychologie)
Br. ca. EUR 12,90
ISBN 978-3-531-16729-9

Das Buch führt in verständlicher, übersichtlicher Form in die Forschungsmethoden der Psychologie ein. Zahlreiche Beispiele und Exkurse in die Praxis lassen den Stoff lebendig werden und machen deutlich, wie wichtig und „praktisch" gute Methodenkenntnisse sind.

Erhältlich im Buchhandel oder beim Verlag.
Änderungen vorbehalten. Stand: Januar 2010.

www.vs-verlag.de

VS VERLAG FÜR SOZIALWISSENSCHAFTEN

Abraham-Lincoln-Straße 46
65189 Wiesbaden
Tel. 0611.7878-722
Fax 0611.7878-400